Mobilização Social

Um modo de construir a democracia e a participação

Jose Bernardo Toro A.

Nisia Maria Duarte Werneck

Mobilização Social

Um modo de construir a democracia e a participação

1ª reimpressão

autêntica

CAPA
Victor Bittow
(Sobre foto de Angelo Paulino)

EDITORAÇÃO ELETRÔNICA
Waldênia Alvarenga Santos Ataíde

REVISÃO
Rosemara Dias dos Santos

AUTÊNTICA EDITORA 2007

BELO HORIZONTE
Rua Aimorés, 981, 8° andar . Funcionários
30140-071 . Belo Horizonte . MG
Tel: 55 (31) 3222 68 19
TELEVENDAS: 0800 283 13 22
www.autenticaeditora.com.br
e-mail: autentica@autenticaeditora.com.br

SÃO PAULO
Rua Visconde de Ouro Preto, 227 . Consolação
01 303-600 . São Paulo-SP . Tel.: 55 (11) 3151 2272

Toro A., Jose Bernardo
T687m Mobilização social - um modo de construir a democracia e a participação / Jose Bernardo Toro A., Nisia Maria Duarte Werneck. – Belo Horizonte: Autêntica, 2004.

ISBN 85-7526-124-X

104 p.

1.Relações públicas. 2.Comunicação social. I.Werneck, Nisia Maria Duarte. II.Título.

CDU 659.4
316.77

SUMÁRIO

PARTE III

Alguns aspectos que devem ser levados em conta em um processo de mobilização social

Observação

Texto produzido em 1996, por encomenda do UNICEF. Publicado em 1997, pela Secretaria de Recursos Hídricos do Ministério do Meio Ambiente e Amazônia Legal.

INTRODUÇÃO

Construir uma cultura e uma ética democráticas, fundadas nos Direitos Humanos, com o objetivo de assegurar a vida digna para todos, é o desafio a que o Brasil e a América Latina se propuseram na última década do século XX e o grande projeto a realizar no século XXI.

Mas a democracia não pode ser comprada, não pode ser decretada, não pode ser imposta. A democracia só pode ser construída. Ninguém pode nos dar a democracia. Ela é uma decisão, tomada por toda a sociedade, de construir e viver uma ordem social onde os direitos humanos e a vida digna sejam possíveis para todos. No Brasil, essa decisão foi assumida e explicitada nos primeiros artigos da Constituição Brasileira.

A democracia é uma forma de ver o mundo, é uma cosmovisão, que parte do suposto de que fazer possíveis e cotidianos os direitos humanos é o que justifica todas as atividades de uma sociedade (políticas, econômicas, culturais, financeiras, educativas, familiares, etc.).

Em outras palavras, a democracia é uma ética, se chamamos de ética a capacidade de criar e escolher uma forma de viver, capaz de fazer possível a vida digna para todos. A democracia é uma forma de construir a liberdade e a autonomia de uma sociedade, aceitando como seu fundamento a diversidade e a diferença.

A criação de uma cultura e uma ética democráticas requer a mobilização social, entendida como a convocação livre de vontades.

A mobilização social é uma forma de construir na prática o projeto ético proposto na constituição brasileira: soberania, cidadania, dignidade da pessoa humana, valores do trabalho e da livre iniciativa e pluralismo político.

O propósito deste documento é sugerir, comentar e indicar critérios e formas sobre como conceber, como planejar e como organizar uma mobilização social para construir entre todos os brasileiros o projeto ético proposto na Constituição.

O trabalho está fundamentado na experiência e na metodologia de mobilização social desenvolvida pela *Fundación Social da Colômbia*. Essa metodologia foi aplicada e ampliada no Brasil desde finais de 1993, no Pacto de Minas pela Educação, no Paraná, no Mato Grosso e, recentemente, no Estado do Ceará.

Muitas pessoas fizeram possíveis essas experiências de mobilização no Brasil. A todas elas, nosso reconhecimento e gratidão. A nossas famílias, nossos agradecimentos por seu apoio e compreensão.

Parte I

Mobilização Social:

Conceitos básicos

CAPÍTULO I

O que é mobilização social

A mobilização social é muitas vezes confundida com manifestações públicas, com a presença das pessoas em uma praça, passeata, concentração. Mas isso não caracteriza uma mobilização. A mobilização ocorre quando um grupo de pessoas, uma comunidade ou uma sociedade decide e age com um objetivo comum, buscando, quotidianamente, resultados decididos e desejados por todos.

Mobilizar é convocar vontades para atuar na busca de um propósito comum, sob uma interpretação e um sentido também compartilhados.

Participar de um processo de mobilização social é uma escolha, porque a participação é um ato de liberdade. As pessoas são chamadas, convocadas, mas participar ou não é uma decisão de cada um.

Essa decisão depende essencialmente das pessoas se verem ou não como responsáveis e como capazes de provocar e construir mudanças.

Convocar vontades significa convocar discursos, decisões e ações no sentido de um objetivo comum, para um ato de paixão, para uma escolha que contamina todo o quotidiano.

Toda mobilização é mobilização para alguma coisa, para alcançar um objetivo predefinido, um propósito comum; por isso, é um ato de razão. Para que ela seja útil a uma sociedade, ela tem que estar orientada para um projeto de futuro. Se o seu propósito é passageiro, converte-se em um evento, uma campanha e não em um processo de mobilização. A mobilização requer uma dedicação contínua e produz resultados quotidianamente.

Como falamos de interpretações e sentidos também compartilhados, reconhecemos a mobilização social como um ato de comunicação. A mobilização não se confunde com propaganda ou divulgação, mas exige ações de comunicação no seu sentido amplo, enquanto processo de compartilhamento de discurso, visões e informações. O que dá estabilidade a um processo de mobilização social é saber que o que eu faço e decido, em meu campo de atuação quotidiana, está sendo feito e decidido por outros, em seus próprios campos de atuação, com os mesmos propósitos e sentidos.

CAPÍTULO II

Horizonte ético da mobilização social

O horizonte ético é o que dá sentido a um processo de mobilização.

Um país explicita seu horizonte ético, seu projeto de nação, por meio da sua Constituição. Nela ele define seu futuro, orienta suas escolhas. Quanto mais participativo tiver sido o processo de sua elaboração, mais essas escolhas refletem a vontade de todos e serão por todos compartilhadas.

No artigo primeiro da nossa Constituição, está consagrada a nossa escolha pela democracia, tendo como fundamentos, entre outros, a cidadania e a dignidade humana. É necessário um entendimento preciso sobre o que significam essas opções.

Constituição da República Federativa do Brasil

Art. 1º. A República Federativa do Brasil, formada pela união indissolúvel dos Estados e Municípios e do Distrito Federal, constitui-se em um Estado Democrático de Direito e tem como fundamentos:

I. a soberania;

II. a cidadania;

III. a dignidade da pessoa humana;

IV. os valores do trabalho e da livre iniciativa;

V. o pluralismo político.

Parágrafo Único: Todo poder emana do povo, que o exerce por meio de seus representantes eleitos ou diretamente, nos termos desta Constituição.

Compreensão do conceito de cidadania e dos princípios da democracia

Toda ordem de convivência é construída; por isso, é possível falar em mudança. As ordens de convivência não são naturais. O que é natural é a nossa tendência a viver em sociedade.

Os gregos se tornaram capazes de criar a democracia quando descobriram que a ordem social não era ditada pelos deuses, mas construída pelos homens. Vislumbraram assim a possibilidade de construir uma sociedade cujo destino não estivesse fora dela, mas nas mãos dos que dela participavam.

Quando as pessoas assumem que têm nas mãos o seu destino e descobrem que a construção da sociedade depende de sua vontade e de suas escolhas, a democracia pode tornar-se uma realidade.

Como a ordem social é criada por nós, o agir ou não agir de cada um contribui para a formação e consolidação da ordem em que vivemos. Em outras palavras, o caos que estamos atravessando não surgiu espontaneamente. A desordem que tanto criticamos também foi criada por nós. Portanto – e antes de converter a discussão em um juízo de culpabilidades –, se fomos capazes de criar o caos, também podemos sair dele.

No Brasil, já não acreditamos na ordem emanada dos deuses, já não temos um ditador e cada vez fica mais impessoal o "eles", a quem responsabilizamos pela nossa realidade. Mas ainda insistimos em pensar e agir como se a situação em que vivemos fosse obra do outro.

Eduardo Gianetti da Fonseca fala até de um "paradoxo do brasileiro":

> O paradoxo do brasileiro é o seguinte: cada um de nós isoladamente tem o sentimento e a crença sincera de estar muito acima de tudo isso que aí está. Ninguém aceita, ninguém agüenta mais, nenhum de nós pactua com o mar de lama, o deboche e a vergonha da nossa vida pública e comunitária. O problema é que, ao mesmo tempo, o resultado final de todos nós é exatamente isto que aí está![1]

---

[1] FONSECA, Eduardo Gianetti. *Vícios públicos, benefícios privados*. São Paulo: Companhia das Letras, 1994. p. 32.

Não aceitar a responsabilidade pela realidade em que vivemos é, ao mesmo tempo, nos desobrigarmos da tarefa de transformá-la, colocando na mão do outro a possibilidade de agir. É não assumirmos o nosso destino; não nos sentimos responsáveis por ele porque não nos sentimos capazes de alterá-lo. A atitude decorrente dessas visões é sempre de fatalismo ou de subserviência, nunca transformadora.

A formação de uma nova mentalidade na sociedade civil, que se perceba a si mesma como fonte criadora da ordem social, pressupõe compreender que os "males" da sociedade são o resultado da ordem social que nós mesmos criamos e que, por isso mesmo, podemos modificar se não responde ao nosso ideal de sociedade.

A convivência social, por não ser natural, tem que ser ensinada, aprendida e desenvolvida todos os dias. Essa é uma tarefa de toda a vida de uma pessoa ou de uma sociedade.

As sete aprendizagens básicas para **convivência social**, segundo Toro (1993), são:

- **Aprender a não agredir o semelhante:** fundamento de todo modelo de convivência social.
- **Aprender a comunicar-se:** base da auto-afirmação pessoal ou do grupo.
- **Aprender a interagir:** base dos modelos de relação social.
- **Aprender a decidir em grupo:** base da política e da economia.

- **Aprender a cuidar de si:**
  base dos modelos de saúde e seguridade social.
- **Aprender a cuidar do entorno:**
  fundamento da sobrevivência.
- **Aprender a valorizar o saber social:**
  base da evolução social e cultural.

Obs: veja no anexo 1 um texto que trata de cada uma dessas aprendizagens.

Princípio da autofundação

Nem toda ordem de convivência é democrática. A monarquia é uma ordem de convivência, mas não é democrática. Nela um monarca, por laços de sangue ou divindade, se coloca fora da sociedade, diferente dos outros, cria as leis e as normas que vão regê-la. Ele cria a ordem social, e aos súditos (*subditos*: submetidos ao que o outro diz), cabe obedecer a essas normas. Na monarquia, comemora-se quando nasce o filho do rei, porque a continuidade da ordem está assegurada.

A ditadura também é uma ordem social não democrática. Nela o ditador e seu grupo, por força das armas, se colocam acima da sociedade e ditam as normas sobre como ela deve pensar e agir. A ordem também vem de alguém que se coloca fora; sua fonte é externa à sociedade.

Na democracia a ordem social se produz a partir da própria sociedade. As leis são criadas, direta ou indiretamente, pelos mesmos que as vão cumprir e proteger.

A convivência democrática começa quando uma sociedade aprende a autofundar a ordem social. E isso também deve ser ensinado e aprendido.

Princípio da cosmovisão

A democracia é uma cosmovisão, o que quer dizer que ela é uma forma de ver o mundo que considera cada pessoa como fonte de criação de ordem social. A democracia não pode ser imposta, tem que ser quotidianamente construída; é fruto da decisão de uma sociedade, que acredita que é possível criá-la a partir de uma unidade de propósito e do respeito pelas diferenças.

A democracia não é um partido político, não é uma matéria, é uma decisão que se fundamenta em aceitar o outro como igual em direitos e oportunidades. Por isso, a democracia supõe a construção da eqüidade social, econômica, política e cultural.

Princípio da incerteza

Como a ordem democrática é uma ordem construída, não existe um modelo ideal de democracia que possamos copiar ou imitar. Podemos aprender com outras sociedades que constroem sua própria ordem democrática, mas é nossa a responsabilidade de criar nossa própria democracia.

Esse princípio é chamado de "incerteza" e é fundamental para uma sociedade que quer ser produtiva econômica e socialmente, porque se opõe à tradição de "ser como os outros".

Princípio do público

O conflito é constitutivo da convivência democrática. Na democracia não existem inimigos, mas opositores: pessoas que pensam diferente, que querem buscar os objetivos de outra forma, têm interesses distintos dos meus, que muitas vezes conflitam com elas, mas com as quais posso discutir e consensar. Na democracia, a paz não é a ausência de conflito. A paz é o resultado da capacidade da sociedade de criar e aceitar regras para dirimir conflitos, sem eliminar o outro nem física, nem social, nem psicologicamente.

Na democracia, o público, o que convém e interessa a todos, se constrói e se fortalece na sociedade civil. A força das instituições públicas tem origem no fato de sintetizarem e representarem os interesses, contraditórios ou não, de todos os setores da sociedade.

A partir do conceito de democracia define-se o conceito de cidadão. Para muitos, o cidadão seria aquele que vota. Mas o voto, apesar de ser um direito do cidadão, não é o que o define como tal. Cidadão é a pessoa capaz de criar ou transformar, com os outros, a ordem social, a quem cabe cumprir e proteger as leis que ele mesmo ajudou a criar.

Como se define a dignidade humana

Ainda que não haja modelo ideal de democracia, toda ordem democrática está orientada a proteger e desenvolver a vida e a dignidade de todos. O conceito de dignidade é obra de cada sociedade, e a nossa o expressou na Declaração Universal dos Direitos Humanos (1948), que é o projeto de humanidade que nosso século concebeu e uma de suas contribuições mais originais.

Nos séculos passados, alguns países, como os Estados Unidos, na sua Constituição (1787), e a França, na Declaração dos Direitos do Cidadão (1789), haviam definido os direitos humanos, mas eram experiências, isoladas, de cada país. Nunca, na História, um número tão grande de países foi capaz de atingir um consenso quanto à relevância e quanto ao conteúdo desse tema, como expresso nessa Declaração. Nela estão reunidos os direitos que possuímos simplesmente por sermos da espécie humana, que são anteriores a toda distinção, a toda ação cultural, econômica ou política, a toda característica étnica, etc...

No Brasil, ao incorporarmos aos direitos garantidos na nossa Constituição a íntegra da Declaração Universal dos Direitos Humanos (Título II – Dos Direitos Fundamentais, artigo 5º) e declararmos a dignidade humana como um dos fundamentos de nossa nação e de nosso modelo de democracia, nos comprometemos com a formulação de um projeto de desenvolvimento que não seja exclusivamente econômico, mas que seja baseado nos Direitos Humanos e que contribua para transformá-los de projeto ético em um projeto público, em uma visão de mundo, um discurso, uma decisão e uma ação.

CAPÍTULO III

Para que a mobilização social?

Constituição da República Federativa do Brasil

Art. 3°. Constituem objetivos fundamentais da República Federativa do Brasil:

I. Construir uma sociedade livre, justa e solidária;

II. garantir o desenvolvimento nacional;

III. erradicar a pobreza, a marginalização e reduzir as desigualdades sociais e regionais;

IV. promover o bem de todos, sem preconceito de origem, raça, sexo, cor, idade e quaisquer outras formas de discriminação.

Ao definirmos na nossa Constituição os objetivos da Federação, nos comprometemos com dois desafios:

- Nos converter em um país produtivo internacionalmente com eqüidade interna, ou seja, como tornarmo-nos um país competitivo, em uma economia globalizada, sem pobreza interna.
- Construir uma ordem democrática, a "sociedade livre, justa e solidária", que expressa o nosso modelo de democracia, criado e construído por nós.

Devemos responder simultaneamente a esses dois desafios, construindo ao mesmo tempo nosso modelo de democracia e de desenvolvimento. Esses desafios exigem múltiplas respostas: políticas, econômicas, sociais, educativas, etc. As maneiras como nos propomos a respondê-los constituem nosso projeto de nação e fornecem critérios e parâmetros para a decisão sobre algumas questões, como, por exemplo, que competências desenvolver, que valores preservar, que novas práticas adotar, etc.

Esses mesmos desafios devem orientar o projeto de futuro de cada estado e município. Uma cidade, uma categoria profissional, cada pessoa, todos devem também buscar responder às perguntas básicas: como pretendem se inserir no país, como vão contribuir e participar da resposta do país a estes desafios.

Eles funcionam também como critério para avaliarmos a legitimidade e a validade dos processos de mobilização. Todo processo de mobilização deve ter como meta contribuir para o alcance desses objetivos, o que faz da Constituição Brasileira a sua fonte de validade e legitimidade.

Um país se converte em nação quando responde positivamente aos desafios que a história lhe coloca. Para isso, é preciso considerar, além dos conceitos de cidadania e de democracia, um novo conceito de produtividade, fundamentado na idéia de riqueza, e um conceito de público, como aquilo que convém a todos, construído a partir da sociedade civil e não do Estado.

Produtividade

Tradicionalmente tratamos a produtividade do ponto de vista da economia e da produção. Porém, ser uma sociedade produtiva não é apenas ter mais empresas que produzam mais bens e serviços que tenham bons preços no mercado, mas produzir racional e adequadamente os bens e serviços que permitam uma vida digna para todos.

Esses bens não são apenas de natureza econômica; por isso, é a sociedade que tem que ser produtiva e não apenas as suas empresas. Uma sociedade deve ser produtiva em diversos níveis. Uma sociedade social e politicamente produtiva é capaz de criar instituições públicas eficientes e que beneficiam todos. Do ponto de vista cultural, ser uma sociedade produtiva significa ser capaz de assegurar educação de qualidade para todos, produzir ciência e tecnologia que contribuam para a solução de nossos problemas, assegurar o melhor proveito de sua diversidade.

Por isso, a produtividade não é um problema só dos empresários. Fazer um país, um estado ou um município produtivo é também tarefa dos políticos, das lideranças, dos pais e mães de família, dos educadores, dos trabalhadores, enfim, de todos os cidadãos.

Essa definição de produtividade não trata apenas da capacidade de produzir dinheiro, mas de produzir riqueza. É a riqueza que possibilita a vida digna para todos, que beneficia toda a sociedade. Não adianta produzir dinheiro se o custo dessa produção é a pobreza e a miséria de muitos, se gera a destruição do meio ambiente, se compromete as perspectivas de futuro de uma nova geração (uma das maiores riquezas de uma sociedade).

Uma "Ciência da Riqueza"

Renato Caporali Cordeiro*

A ciência econômica teve grande responsabilidade na difusão de uma enganadora noção da verdadeira natureza da riqueza de uma sociedade. Apesar de saber que a riqueza eram os bens e comodidades que possui um indivíduo, em que evidentemente se incluem os recursos naturais, os economistas estavam mais preocupados com o valor (preço) que esses bens adquirem no mercado. O fenômeno da troca, pelo qual os bens circulam numa economia, parecia o verdadeiro

* Autor de *Da riqueza das nações à ciência das riquezas*. São Paulo: Edições Loyola, 1995

objeto de estudo da ciência econômica. Assim, repetiu ao longo dos séculos a maior parte dos economistas, a economia se interessa pelo valor das coisas (valor de troca), não pelas coisas em si (pelo valor de uso).

O problema surge quando se tenta compreender a natureza do valor de troca. Se afastarmos sutilezas da discussão teórica peculiar a toda ciência, ficará claro que o valor de troca é determinado pela utilidade e pela escassez, ou, vendo por outro lado, pelo custo, pela dificuldade, pelo trabalho gasto para produzir. Assim, Léon Walras, um dos maiores economistas e criador da teoria do equilíbrio, dizia claramente que a água abundante na beira do lago não é riqueza, já que não tem valor. Se tornar-se escassa e passar a ter valor, tornar-se-á riqueza para a ciência econômica. John Stuart Mill disse o mesmo do ar puro: gratuito, proporcionado pela natureza, não é riqueza; se tivermos que trabalhar para fazê-lo novamente puro, terá se tornado riqueza. Legiões de teóricos repetiram essa tese contraditória. Ela é contraditória porque a riqueza de uma sociedade não é a escassez dos bens de que dispõe. Riqueza é abundância, não falta.

Não deveria impressionar o fato de que uma tal teoria tenha fundado uma concepção do processo econômico onde a inflação é um fato absolutamente natural, senão necessário para o bom funcionamento do sistema. Talvez não seja mera coincidência que essa ciência tenha sido radicalmente conivente com a destruição do meio ambiente (como recentemente admitiu o presidente do Banco Mundial) e que só tenha percebido seu erro quando o processo destrutivo começou a se mostrar mais claramente como dilapidação da riqueza futura. Começa-se, agora, a perceber que a escassez de recursos que são a base da riqueza leva a um aumento de custos que nenhum benefício traz e que apenas causa a diminuição da riqueza social.

Uma "Ciência da riqueza" tentaria trilhar outro caminho teórico. Ela se preocuparia com a manutenção e o incremento da base de recursos que formam a riqueza de todos, bem como se inquietaria com a redução na sua oferta. Examinaria atentamente os recursos disponíveis em abundância num país, tentaria articulá-los o melhor possível em um processo de produção sustentável a longo prazo, para o maior número de pessoas possível. Uma sociedade não será rica se essa riqueza estiver ao alcance de apenas poucas pessoas. Ganhar dinheiro pode, de fato, ser o esporte preferido dos indivíduos numa sociedade capitalista. E, como se ganha tanto mais dinheiro quanto mais elevado for o valor do produto que se vende, os indivíduos podem ver com otimismo a escassez dos bens que têm para vender. Mas, do ponto de vista da sociedade, o importante é a disponibilidade dos bens, não o seu custo.

Participação

A participação, em um processo de mobilização social, é ao mesmo tempo um objetivo a ser alcançado e um meio para realizar os outros objetivos. Por isso, não podemos falar da participação apenas como pressuposto, como condição intrínseca e essencial de um processo de mobilização. Ela precisa crescer em abrangência e profundidade ao longo do processo. Para isso é importante:

- **Considerar a participação como um valor democrático:** Quando uma sociedade entende que é ela que constrói a ordem social, adquire a capacidade de autofundação, de construir a ordem desejada. Ela supera o fatalismo e percebe a participação, a diferença e a deliberação de conflitos como recursos fundamentais para a construção da ordem social. A participação deixa de ser uma estratégia para converter-se em essência, no **modo de vida da democracia**.
- **Considerar a abrangência dessa participação como valor e sinal democrático:** Não é possível desenhar, nem saber como será a ordem de convivência democrática e de produtividade sem a participação ativa de toda a sociedade. Não se trata de ter uma ordem social construída por quem acha que sabe fazê-la para que os outros se integrem a ela. Trata-se de construir com todos, inclusive com os pobres, uma ordem social onde todos possamos conviver e ser produtivos, econômica, política, cultural e socialmente. Uma sociedade é democrática e produtiva quando todos os que dela participam podem fazer competir organizadamente seus interesses e projetar coletivamente novos futuros. A exclusão de um setor pode ser definida como a impossibilidade de fazer competir os seus interesses frente a outros interesses. Para uma dinâmica de mobilização

social é preciso acreditar que existe sempre alguma coisa que uma pessoa pode fazer para que os objetivos sejam alcançados, que todos têm como e por que participar. Na "Ação da Cidadania contra a Fome, a Miséria e pela Vida", uma das contribuições mais comoventes e que dá uma medida do seu alcance em termos de mobilização veio das detentas do Presídio Talavera Bruce, que abriram mão de algumas refeições e doaram os alimentos para também participar.

- **Considerar a participação de todos como uma necessidade para o desenvolvimento social:** A participação é uma aprendizagem. Se conseguimos hoje nos entender, decidir e agir para alcançar alguma coisa (como a melhoria da escola do bairro), depois seremos capazes de construir e viabilizar soluções para outros problemas (como a preservação de um área verde ou a melhoria do trânsito). Podemos ainda nos articular com outros grupos para desafios maiores, como o fim da violência, o combate ao desemprego, etc. Aprendemos a conversar, a decidir e agir coletivamente; ganhamos confiança na nossa capacidade de gerar e viabilizar soluções para nossos problemas, fundamentos para a construção de uma sociedade com identidade e autonomia.

O conceito de público

A América Latina e a América do Norte foram ambas conquistas religiosas, mas de conteúdos diferentes.

Lá, chegaram fiéis; aqui, chegou a Igreja, seus padres e bispos. Lá, chegaram cidadãos em busca de uma terra para viver; aqui, chegou um governo em busca de riquezas para explorar. Lá, chegou a sociedade civil; aqui, chegaram instituições; e a sociedade civil, fonte geradora do "público", ainda está se construindo. Por isso existe entre nós tanta confusão entre o que é do governo e o que é público.

Por exemplo: a escola pública é a escola de todos e não a escola do governo; os espaços públicos são espaços de todos e não espaços do governo e assim por diante. O resultado da confusão que fazemos é ficarmos, muitas vezes, esperando que o governo cuide do que nós, coletivamente, deveríamos cuidar. Encaramos coisas e atitudes como dádivas e favores do governo, não como coisas públicas, conquistas e direito da sociedade.

A construção do público a partir da sociedade civil exige o rompimento com essa tradição e o compromisso com uma nova atitude de responsabilidade, de desenvolvimento da capacidade de pensar e agir coletivamente e de respeito às diferenças.

A construção do público a partir da sociedade civil como propósito da intervenção social

1 - Em 1815, Simon Bolívar, exilado na Jamaica, escreveu ao Duque de Manchester sobre o que ele

considerava os quatro problemas das sociedades desmembradas do império espanhol (*):

- A duvidosa viabilidade de sociedades sem cidadãos.
- O círculo vicioso de ter que manter a ordem através do paternalismo político.
- A precariedade do consenso e a ilegitimidade das elites.
- O conservadorismo inevitável de uma sociedade civil sem bases populares.

Hoje, como há 180 anos, esses problemas permanecem sem solução e todos estão relacionados com a mesma questão: construção do "Público". A construção da cidadania, de uma ordem social autofundada, a existência de consensos coletivos estáveis que facilitem a globalidade e a participação ativa dos setores populares fazendo competir seus interesses são o resultado da construção do público a partir da sociedade civil.

2 - Entendemos a construção do público como a construção do que convém a todos, como resultado de uma racionalidade genuinamente coletiva. Um dos problemas de nossas sociedades reside no fato de que "o coletivo não se rege por uma racionalidade coletiva, mas pelo cruzamento aleatório de racionalidades privadas ou semipúblicas" (H. Gomez B).

---

* Ver Iglesias, Henrique, "El verdadero desafio de America Latina: reduzir la pobreza y consolidar la democracia", no Seminário *Hacia un enfoque integrado del desarrollo, la ética, la economia y la question social"*. Washington: BID, 1994

3 - A democracia é uma ordem construída onde as leis, as normas e as instituições são criadas pelas mesmas pessoas que as vão cumprir e proteger. A democracia é uma ordem autofundada. A autofundação da democracia supõe que é a sociedade civil quem funda, quem constrói o "Público". A força das instituições públicas e das leis que regem as relações da sociedade depende de que ambas reflitam o interesse dos cidadãos. Quando a sociedade civil se organiza, quando os indivíduos se constituem em sujeitos sociais, desejam que o "Público" (o que convém a todos) surja da deliberação e da participação de todos, que o "Público" reflita a comunidade e a sociedade civil. Quando isso ocorre, vêem seus interesses representados no "todo geral", no Estado, e a ação pública é apoiada pela sociedade e se torna transparente.

4 - Quando o "Público" não reflete, não representa os interesses de toda a sociedade (desconhece ou exclui os diferentes setores da sociedade), ele se distancia da própria sociedade e as instituições públicas perdem credibilidade e autoridade. A governabilidade de uma sociedade provém da capacidade das instituições refletirem os interesses contraditórios de todos os setores sociais. A fortaleza do Estado surge de sua capacidade de refletir toda a sociedade. Quando reflete só uma parte (e, portanto, é excludente), o Estado é frágil.

5 - A democracia supõe a presença do conflito de interesses entre os diferentes setores, mas supõe que esses conflitos possam ser superados através da

deliberação, da participação e da "negociação e consenso" transparente para alcançar benefícios comuns que se expressam em forma de programas, leis e instituições que obrigam e servem a todos (o Público).

6 - Para enfrentar os problemas enunciados por Simon Bolívar, da Jamaica, devemos trabalhar:

- Para criar e formar cidadãos, quer dizer, pessoas capazes de criar e fundar com outros a ordem social desejável para todos, e empenharmo-nos para criar espaços para que a cidadania se exerça. O paternalismo político só é superável através de uma sociedade que tenha a possibilidade de construir suas instituições políticas a partir da sociedade civil. Isso significa passar de uma lógica social de adesão ao poder a uma lógica de deliberação e competição de interesses que, através do consenso e de acordos, define o que convém a todos. É assim que se constrói uma ordem democrática estável e o consenso legítimo.
- Para fortalecer o tecido social através da criação e desenvolvimento das organizações dos setores populares para que eles possam fazer competir seus interesses em igualdade de condições e dentro de regras iguais para todos.

Alexis de Tocqueville atribui o desenvolvimento dos EUA à capacidade que tem a sociedade norte-americana de se associar, de se organizar. Segundo ele, essa é a mestra de todos os saberes sociais.

Parte II

Estruturação e planejamento de um processo de mobilização social

CAPÍTULO I

Dimensões básicas para estruturar um processo de mobilização

A explicitação dos propósitos da mobilização – a formulação de um imaginário

Esse é o primeiro passo no planejamento de um processo de mobilização social: a explicitação de seu propósito. Ele está diretamente ligado à qualidade da participação que será alcançada.

Esse propósito deverá estar expresso sob a forma de **um horizonte atrativo, um imaginário "convocante"** que sintetize de uma forma atraente e válida os grandes objetivos que se busca alcançar. Deve expressar o sentido e a finalidade da mobilização, tocar a emoção das pessoas. Não deve ser só racional, mas ser capaz de despertar a paixão. A razão controla, a paixão move.

Um imaginário é uma fonte de hipóteses que provê as pessoas de critérios para orientar a atuação e para identificar alternativas de ações.

Alguns exemplos de imaginários na história antiga e recente:

- O imaginário proposto por Moisés ao povo judeu para a saída do Egito, descrito por Isaías: "Vamos para uma terra onde jorram leite e mel, [...] Uma terra boa e espaçosa onde habitarão juntos o lobo e o cordeiro e o leopardo deitar-se-á ao lado do cabrito, o bezerro e o leãozinho pastarão juntos e um menino os poderá tanger." Esse imaginário, essa possibilidade de uma terra de fartura e de paz, foi capaz de mobilizar e durante séculos manteve unido o povo judeu, apesar da diáspora.
- O imaginário que mobilizou o povo japonês depois da II Guerra Mundial: "Vamos conquistar pelo mercado quem nos derrotou pelas armas". O país experimentou um grande crescimento econômico, apesar das perdas durante a guerra.
- O imaginário proposto por Kennedy para mobilizar os EUA frente ao atraso científico e tecnológico em relação à URSS, quando ela colocou em órbita o Sputnik (1957): "Na próxima década vamos levar um homem a pisar na Lua". Esse imaginário orientou não apenas a corrida espacial, mas quase todo o ensino, a

pesquisa e os investimentos da sociedade norte-americana durante 12 anos, e, em 1969, um americano pisava na Lua.

- O imaginário proposto por Betinho na "Ação da Cidadania contra a Fome, a Miséria e Pela Vida": uma sociedade que, pela solidariedade, vence a fome e a miséria; o fim de uma sociedade indiferente. No Natal de 1993, a proposta era de que nenhuma família passasse fome naquela noite. Os mais diversos segmentos da sociedade se mobilizaram para aplacar a fome de milhões de pessoas.

É importante ainda que esse propósito reflita um consenso coletivo, entendido como *a escolha e construção de um interesse compartilhado*. Podemos dar diversos nomes a esse interesse: propósito, meta, missão, visão, estatuto, ata, convênio, capítulo, pacto, etc.

Esse consenso não é um acordo em que as pessoas negam suas diferenças, mas elas são preservadas e respeitadas. As pessoas não estão necessariamente de acordo entre si, mas de acordo com alguma coisa, com uma idéia, que é colocada acima dessas divergências. Ele é a expressão de um exercício de convivência democrática.

A mobilização social não é uma oportunidade de conseguir pessoas para ajudar a viabilizar nossos sonhos, mas de congregar pessoas que se dispõem a contribuir para construirmos juntos um sonho, que passa a ser de todos. Se esse sonho excluir alguém, esse alguém não vai se comprometer e vai buscar atacar, desestimular e destruir o movimento e a disposição dos outros para agir.

> "A participação será mais assumida, livre e consciente, na medida em que os que dela participem perceberem que a realização do objetivo perseguido é vital para quem participa da ação e que o objetivo só pode ser alcançado se houver efetiva participação."
>
> *Rede: estrutura alternativa de organização - Chico Whitaker*

O imaginário enuncia uma forma de futuro a ser construído, contém elementos de validade formais (históricos e científicos) e, nesse sentido, é uma fonte de hipóteses para a ação e o pensamento. É um critério para orientar e avaliar os múltiplos esforços e as decisões que se requer para convertê-lo em realidade. É um horizonte perceptível. Deve trazer referências que tornem possível a cada um responder às perguntas: em que medida o que estou fazendo contribui para alcançar esse objetivo? O que mais posso fazer?

Isso o diferencia de um simples *slogan* ou campanha publicitária, ainda que em termos de divulgação sejam necessários esses elementos comunicativos. Uma diferença fundamental é que o *slogan* não se constitui em uma referência sobre o que precisa ser feito no presente. "Um slogan não pode substituir as informações efetivas que as pessoas necessitam para se mobilizarem", alertou Rosa Maria Torres, em seu artigo *Sem todos pela Educação, não há Educação para todos.*

Os atores que dão início a um processo de mobilização social

Um processo de mobilização social tem início quando uma pessoa, um grupo ou uma instituição decide iniciar um movimento no sentido de compartilhar um imaginário e o esforço para alcançá-lo.

Por isso, esses papéis não são necessariamente desempenhados por *uma* pessoa. Algumas vezes, um grupo de pessoas ou instituições está junto desempenhando um desses papéis, outras vezes, uma mesma pessoa ou instituição desempenha mais de um ao mesmo tempo. O importante é que alguém esteja desempenhando essas funções, com as preocupações, os critérios e os valores apresentados.

Produtor Social

Entende-se por Produtor Social a pessoa ou instituição que tem a capacidade de criar condições econômicas, institucionais, técnicas e profissionais para que um processo de mobilização ocorra. Uma Secretaria de Estado, uma instituição pública ou uma entidade privada, uma pessoa ou um grupo, uma ONG ou uma empresa podem ser produtores sociais. O Produtor Social é responsável por viabilizar o movimento, por conduzir as negociações que vão lhe dar legitimidade política e social.

O Produtor Social tem a intenção de transformar a realidade, tem certos propósitos de mudança e se dispõe a apresentar e compartilhar esses propósitos com as outras pessoas, que vão ajudá-lo a explicitá-los, ampliá-los e, é claro, a alcançá-los. Para isso, ele precisa ter legitimidade, seja ela própria, conferida por alguém ou por algum princípio, senão é difícil que ele consiga a credibilidade necessária no primeiro momento. Ao longo do processo, essa legitimidade vai crescer ou diminuir, refletindo a qualidade da sua gestão do processo.

É essencial que o Produtor Social seja visto não como dono, mas como precursor de um movimento que reflete uma preocupação e um desejo de mudança compartilhado. Para isso, é preciso que ele:

- Respeite e confie na capacidade das pessoas de decidirem coletivamente sobre suas escolhas e estimule o desenvolvimento desses comportamentos. Esses comportamentos contradizem uma tradição brasileira que tem suas origens no período colonial e com a qual precisamos romper. Raymundo Faoro, em seu livro *Os donos do poder*, escreveu sobre a monarquia brasileira:

  > Essa monarquia, acostumando o povo a servir, habituando-o à inércia de quem espera tudo de cima, obliterou o sentimento instintivo de liberdade, quebrou a energia das vontades, adormeceu a iniciativa. [...] Tudo é tarefa do governo, tutelando os indivíduos, eternamente menores, incapazes ou provocadores de catástrofes, se entregues a si mesmos.

  Essa visão infantilizou as pessoas. Aliada a uma situação em que o que contava era ser "amigo do rei" e que fez da troca de favores um hábito natural na prática política, gerou uma cultura de adesão e não uma cultura de deliberação. As pessoas se acostumaram a não analisar, não avaliar e não decidir suas posições, mas a aderir às posições de outros, na maioria das vezes dos que estão no poder.

Para passarmos de uma cultura de adesão para uma cultura de deliberação e para nos tornarmos verdadeiros cidadãos, é fundamental o reconhecimento incondicional da capacidade de decisão e ação das pessoas. Só assim elas se sentirão seguras e dispostas para decidir e agir por sua própria conta.

- Acredite na importância de se liberar a energia, a criatividade e o espírito empreendedor das pessoas e das coletividades. A democracia e a produtividade estão relacionadas com mentalidades proativas. E essa mentalidade não é natural, tem que ser educada: é preciso aprender a passar de uma ordem recebida para uma ordem produzida. O exercício da criatividade e da proposição de soluções faz parte dessa aprendizagem.

Segundo Viktor Frankl,

> o homem, ao contrário dos animais, não é informado por seus impulsos e instintos sobre o que tem que fazer. Mas o homem moderno, ao contrário dos homens de épocas passadas, é o único que não possui tradições que lhe digam o que deveria fazer. De modo que agora ele está perdido. Não

> sabendo o que tem de fazer nem o que deveria, acontece com freqüência que ele não sabe mais o que realmente quer fazer. O resultado é que ele apenas deseja fazer o que os outros estão fazendo – conformismo – ou ele simplesmente faz o que os outros lhe dizem que faça – totalitarismo. (*)

O preenchimento desse vazio é um dos desafios do nosso tempo e tem que ser respondido quotidianamente, a partir de nossas escolhas e decisões, do desenvolvimento e do respeito a nossos valores pessoais e coletivos.

O importante é que o Produtor Social contribua para que sejam criadas as condições para a evolução de uma posição reativa (fatalista frente aos problemas) para uma posição proativa (ver os problemas como situações a serem trabalhadas, como oportunidades de ação; ver na busca de soluções um desafio estimulante).

- Seja capaz de interpretar a nossa realidade social. Isso exige que ele conheça a sociedade, seus valores, seus significados, suas prioridades. Requer ainda que ele conheça a Constituição do Brasil e seja capaz de interpretá-la como expressão de um projeto de nação, do ponto de vista da comunicação e da mobilização.

(*)FRANKL, Viktor E. O homem à procura do significado último. In: *No caminho do auto-conhecimento*. São Paulo: Livraria Pioneira Editora, 1982. p.57.

- Seja capaz de orientar um editor na produção de materiais adequados, tenha conhecimento das possibilidades e dos limites da comunicação social como instrumento de mobilização. Freqüentemente não são alcançados os objetivos em um processo de mobilização porque se superestima a capacidade dos veículos e da comunicação de massa. É preciso saber situar bem esse papel para que se tire deles o melhor proveito.
- Tenha conceitos claros de democracia, cidadania, público e participação, de modo, inclusive, a contribuir para gerar imagem social positiva para os reeditores mais fracos, possibilitando-os fazer competir seus interesses em igualdade de condições.
- Seja sensível e tolerante para conseguir trabalhar com as redes de reeditores, sem burocratizá-las, convertendo-as em redes autônomas, doadoras de sentido próprio.

Reeditor Social

Esse termo, cunhado por Juan Camilo Jaramillo , designa uma pessoa que, por seu papel social, ocupação ou trabalho, tem a capacidade de readequar mensagens, segundo circunstâncias e propósitos, com credibilidade e legitimidade. Dito de outra forma, é uma "pessoa que tem público próprio", que é reconhecida socialmente, tem a capacidade de negar, transformar, introduzir e criar sentidos frente a seu público, contribuindo para modificar suas formas de pensar, sentir e atuar. Os educadores são reeditores ativos. Por sua profissão e pela credibilidade que têm frente a seus alunos, pais e a comunidade, podem legitimamente introduzir, modificar ou negar mensagens, segundo circunstâncias e propósitos. Um pároco, um gerente, um líder comunitário também são, pelas mesmas razões, reeditores.

O reeditor é diferente dos chamados "multiplicadores". Ele não reproduz um conteúdo o mais próximo possível da forma como o recebeu, mas o interpreta e o amplia para adequá-lo naturalmente ao seu público. A qualidade de seu trabalho não é medida pela fidelidade ao conteúdo original, mas pelo enriquecimento da mensagem, pela sua adequação, através do uso de códigos, valores e experiências próprios daquele grupo, pelo correto entendimento dos propósitos e sentidos e pela participação que gerou.

O reeditor é diferente também do militante tradicional. Ele atua no seu cotidiano. O campo de atuação do militante é o mundo. O reeditor crê no convencimento de cada um; o militante crê na conversão, na adesão. O reeditor reforça o conceito de democracia e de cidadania, de uma sociedade que constrói sua própria ordem.

O Editor

O Produtor tem a intenção de convocar os reeditores a produzirem modificações em seu campo de atuação. Por isso, a mobilização requer que as mensagens sejam editadas, quer dizer, que se convertam em formas, objetos, símbolos e signos adequados ao campo de atuação do reeditor para que ele possa usá-los, decodificá-los, recodificá-los segundo sua própria percepção.

O Editor (pessoa ou instituição) é o profissional desse tipo de comunicação. O êxito da mobilização participada depende da forma como se introduz a mensagem e se chega ao campo de atuação do reeditor, o qual possui uma cultura própria, conhece profundamente seu campo de atuação e tem uma cosmovisão própria.

Como estruturar as mensagens. Que códigos são necessários para que a mensagem seja compreendida e absorvida pelo reeditor e para que ele possa convertê-la em uma forma de sentir, de atuar e de decidir em função do imaginário? Essas são as perguntas às quais o Editor deve dar respostas. É evidente que, quanto melhor o seu conhecimento sobre o campo de atuação do reeditor, maiores serão as possibilidades de êxito no seu trabalho.

As relações entre o produtor social e os reeditores

O Produtor Social começa seu trabalho identificando quais são os reeditores que, em seu campo de atuação, podem contribuir para aprofundar e viabilizar as metas a que se propõe a mobilização. Não é possível fazer uma mobilização se não podemos localizar no tempo e no espaço os reeditores que podem atuar e contribuir para seus objetivos.

Uma vez localizado, é preciso conhecer o campo de atuação do reeditor, para provê-lo de compreensões, de alternativas de ações e decisões que irão ajudá-lo, no primeiro momento, a responder à pergunta: o que eu posso fazer no meu campo de atuação, no meu quotidiano? Com o tempo, ele mesmo vai descobrir novas formas de atuar e participar.

Cabe, ainda, ao produtor assegurar aos reeditores os instrumentos que eles precisam para atuar: material de divulgação para começar o trabalho, contatos que possam facilitar seu acesso aos meios de comunicação, etc. É bom lembrar que esses materiais e contatos não têm a função apenas de divulgar as idéias do movimento, mas eles são importantes porque contribuem para dar segurança aos reeditores e legitimar o seu discurso perante os outros.

Campo de atuação

Muitas pessoas estão dispostas a participar de um processo de mudança, proposto no imaginário, se lhes respondemos a seguinte pergunta: "Como eu posso participar, aqui em meu campo de trabalho, no que faço todos os dias?"

Não se faz mobilização social com heroísmo. As mudanças são construídas no cotidiano por pessoas comuns, que se dispõem a atuar coletivamente, visando alcançar propósitos compartilhados.

Para que as pessoas se disponham a participar e descubram sua forma de contribuir, é preciso que:

- Tenham informações claras sobre os objetivos, as metas, a situação atual e as prioridades da mobilização a cada momento. Esse é um dos objetivos da comunicação social no apoio a um movimento.

- Sintam-se seguras quanto ao reconhecimento, valorização e respeito à sua forma de ser e de pensar. Ninguém está disposto a correr o risco de ser incompreendido e rejeitado.
- Sintam a confiança dos outros participantes quanto à sua capacidade e possibilidade de contribuir para o alcance dos objetivos.

Pode ser que, no primeiro momento, os reeditores, grupos ou pessoas precisem de apoio para identificar possíveis formas de atuação. É o problema do *campo de atuação.*

Por isso, um projeto de mobilização deve fornecer:

- Compreensões adequadas ao campo de atuação de cada participante: explicações sólidas sobre os problemas a resolver, as situações a criar ou modificar, o sentido e a finalidade das decisões que tem que tomar e das ações a seguir em seu campo diário de trabalho.
- Indicações das decisões e ações que estão ao alcance das pessoas dentro de seu campo de atuação e trabalho e a explicação de como e por que contribuem ao propósito buscado.

Esse repertório de sugestões deve ser suficientemente claro, aberto e estimulante para que, no momento seguinte, as pessoas descubram e inventem novas formas de participar e não se acomodem nem se sintam manipuladas, com sua autonomia comprometida.

A proposta de compreensões, atuações e decisões supõe que os líderes institucionais, os produtores sociais da mobilização conheçam a fundo o campo de atuação e os papéis próprios dos diferentes profissionais e atores que podem participar da mobilização: o que pode fazer um professor frente a um grande propósito de melhoria do ensino é diferente do que pode fazer um diretor de escola, um pai ou o prefeito.

Todo processo de mobilização requer que o reeditor faça modificações específicas em seu campo de atuação. Cada reeditor, por sua ocupação, profissão ou trabalho, tem um "campo" ou "espaço" de atuação que lhe é próprio. A esse campo concorrem fatores, conceitos e decisões, alguns que só podem ser modificados por outros atores. Por exemplo, o campo de atuação do professor é a sala de aula. Ali concorrem fatores físicos, conceitos, atuações e decisões de diferentes tipos. Alguns são modificáveis por ele: o conteúdo da aula, a programação do tempo, seu comportamento verbal, a metodologia, a motivação e a auto-estima dos alunos, etc. Outros fatores que estão incidindo no mesmo campo não são modificáveis pelo professor: a arquitetura da sala, o calendário escolar, a disponibilidade dos textos, o estado nutricional dos alunos. Esses que o professor ou a professora não podem modificar podem ser modificados por outros atores (Secretário de Educação, etc). A exeqüibilidade de uma mobilização está relacionada com a possibilidade de propor ao reeditor a modificação de variáveis e fatores que estão sob seu domínio quotidianamente e explicitar as relações que podem ser estabelecidas entre essas ações e o imaginário proposto. Ele ficará mais entusiasmado se souber que os outros atores, que podem contribuir com soluções para os outros problemas, também estão sendo chamados. Mas é preciso cuidado para que isso não sirva de desculpas para sua não-ação.

Resumindo, é preciso que as propostas de atuação:

- sejam claras e realistas;
- respeitem os limites da atuação de cada um, mas não sejam conservadoras, e contribuam para abrir caminhos para novas visões;
- não sejam explicitadas e/ou percebidas como cobrança, como responsabilização;
- sejam estimulantes.

Esse é um dos principais aspectos a serem considerados. A explicitação de decisões, percepções e ações possíveis têm como objetivo ajudar a cada um a se ver no movimento, a descobrir como pode e quer participar e contribuir para que os objetivos sejam alcançados.

Tendo a escola como campo de atuação e com base nas pesquisas disponíveis, os quadros a seguir são exemplos de um projeto de mobilização, elaborado e realizado pela Fundação Social, para a melhoria do ensino básico na Colômbia. Mostram a análise das compreensões e decisões que os educadores (como reeditores) podem modificar. Também mostram as variáveis que influem no campo de atuação do professor, mas que devem ser modificadas por outros atores.

Quadro 1: Decisões políticas, administrativas, técnicas e operacionais segundo os possíveis responsáveis.

Reeditores	Campo de Atuação	Compreensões e Decisões a Serem Mobilizadas
Prefeito	Município	• Plano de desenvolvimento municipal orientado para o projeto de nação explicitado na Constituição: cidadania e desenvolvimento como sinalizadores e indicadores de metas educativas. • Atuar como Produtor Social.
Secretaria de Educação do Município	Município	• Definição de indicadores das metas educativas, segundo o Plano de Desenvolvimento. • Definir e consensar com os diretores de núcleo as metas educativas, segundo o nível de desenvolvimento de cada núcleo. • Alocação de recursos para os investimentos e a formação requerida. • Difusão e coletivização das metas. • Estruturação e validação da rede de comunicação para a mobilização. • Atuar como Editor Social.

Diretor de Núcleo	Núcleo Educativo	• Definir as metas educativas para o núcleo, de comum acordo com os diretores. • Definir com os diretores a formação requerida para o alcance das metas. • Estruturar a rede de comunicação com seus diretores e professores. • Atuar como reeditor com os diretores, supervisores e orientadores.
Supervisores e Orientadores	Escola que supervisiona	• Apoio técnico e acadêmico para implementação do plano de ação da sua área de atuação. • Apoio e assessoria aos diretores para o planejamento da sua escola. • Apoio aos educadores para o sucesso da formação. • Recolher e processar as informações.
Diretores de Escola	Escola que dirige	• Elaborar com os educadores o planejamento de sua escola, em coerência com o plano municipal. • Definir as metas a serem alcançadas, segundo negociação com as outras instâncias. • Definir a formação requerida para o alcance das metas. • Atuar como reeditor na sua escola.

Professores	Salas de aula, turmas para as quais leciona	• Condução democrática das aulas. • Comportamento verbal democrático na sala de aula. • Trabalhar para o alcance da aprendizagem por todos os alunos. • Atuar como reeditor.

Fonte: J. B. Toro. La calidad de la educación primária. Medios de comunicación massiva y comunidad civil: el proyecto "Primero mi primário para Triunfar". In: *Boletin UNESCO-OREALC*, n. 28, Santiago de Chile, 1992, p. 98.

Quadro 2: Compreensões e decisões que devem ocorrer conjuntamente para a melhoria qualitativa do curso primário, segundo categorias de reeditores que decidem e atuam no processo educativo.

Categorias de Reeditores	Compreensões e Decisões a Serem Mobilizadas
1- Adultos que atuam como agentes educativos imediatos. Reeditores: Diretores de Escola, professores, supervisores, etc. Participação: modificam comportamentos cotidianos (ações e decisões)	a) Nomear os melhores professores para o primeiro e o segundo ano, para que todas as crianças tenham sucesso desde cedo. b) Aproveitar ao máximo a duração do ano escolar para melhorar o tempo e as oportunidades de aprendizagem das crianças. c) Passar tarefas escolares adequadas e atrativas, que podem ser feitas com as aprendizagens e informações da aula e outras possíveis segundo o nível socioeconômico das crianças.

	d) Atuar sempre com expectativas positivas sobre as crianças, para que elas adquiram um autoconceito positivo. e) Dar atenção aos cadernos como a primeira obra escrita das crianças. Cuidado especial na seleção de textos. Promover a leitura em casa. f) Planejar um ensino rico e atrativo em conteúdos e atividades. g) Distribuir as crianças de rendimento diferente nos cursos paralelos. Não colocar as crianças de baixo rendimento em uma sala só. h) Planejar atividades escolares e extra-escolares levando em conta os grupos de amigos: concursos, campeonatos, festas, etc. i) Entender a avaliação como a observação contínua das crianças para ver se todas estão aprendendo bem e no tempo certo aquilo que devem aprender. j) Respeitar as diferentes etnias e tradições culturais.
2- Adultos que atuam através do Estado: Reeditores: Legisladores, Administradores, Secretários de Educação, Prefeitos.	a) Adequação da infra-estrutura física das Escolas. b) Garantir serviços públicos de água, luz, calçamento, sanitários, pátios de recreio, etc nas Escolas. c) Dotar as Escolas de textos e materiais, respeitando etnias, línguas e tradições culturais. d) Bibliotecas Escolares. e) Capacitação docente. f) Mobiliário escolar.

Participação: modificam a inversão de recursos (decisões).	g) Pagamento dos professores nas próprias escolas para evitar perder dias de aula para receber. h) Transporte escolar ou localização adequada das escolas. i) Uso de pesquisas e levantamento de informações para tomar decisões. j) Adequado sistema estatístico. k) Sistema de comunicação interna ao Sistema Educacional.
3- Adultos da sociedade civil: Reeditores: pais de família, profissionais, empresários, intelectuais, jornalistas, opinião pública em geral. Participação: modificam sua opinião (forma de sentir)	a) Valorização do trabalho do professor primário. b) Não atribuir à criança o fracasso, mas ao sistema de ensino e às condições criadas pelos adultos. c) Desenvolver uma percepção coletiva da criança. Não basta que nossos filhos estejam bem; é preciso uma preocupação coletiva pelo êxito escolar de todas as crianças. d) Valorização e preocupação com o prestígio da educação pública. Nela estuda a maior parte das crianças. e) Criação de outros espaços sociais para a vida infantil e juvenil (clubes, praças de esportes, revistas, bibliotecas, etc). f) Valorização de todas as etnias e diferenças culturais. g) Participar, acompanhar e vigiar as decisões curriculares.

Fonte: J. B. Toro. La calidad de la educación primária. Medios de comunicación massiva y comunidad civil: el proyecto "Primero mi primário para triunfar". In: *Boletín UNESCO-OREALC*, n. 28, Santiago de Chile, 1992, p. 98.

Coletivização

A coletivização é o sentimento e a certeza de que aquilo que eu faço, no meu campo de atuação, está sendo feito por outros, da minha mesma categoria, com os mesmos propósitos e sentidos. É ela que dá estabilidade a um processo de mobilização social.

A comunicação é um importante instrumento de coletivização, mas não é o único.

Podemos citar como exemplo a experiência de atendimento à saúde infantil da Pastoral da Criança. O sistema se baseia na atuação de líderes comunitárias, que realizam o acompanhamento das crianças de sua comunidade. Ao final do curso preparatório, elas recebem um diploma, uma agenda de acompanhamento (o "Caderno da Líder Comunitária") e uma camiseta silkada com o símbolo da Pastoral. Essa camiseta é uma das formas de coletivizar a ação das líderes. Ao vestirem-na, elas se sentem e são percebidas pela comunidade como participantes de um grupo muito maior, que transcende a comunidade, que legitima a sua ação e lhes confere um reconhecimento social. Elas se sentem conectadas, "coletivizadas" e desenvolvem um alto sentimento de pertinência.

Uma das formas de se alcançar a coletivização é através da circulação de informações, da divulgação do que está acontecendo nas diversas frentes. O que distingue a coletivização da simples divulgação é seu compromisso com os resultados. A divulgação tem um objetivo muitas vezes promocional ou meramente informativo.

O resultado esperado é que as pessoas saibam, tenham conhecimento dessa informação. No caso da mobilização, o foco é no compartilhamento da informação (não simplesmente na sua circulação), e o resultado desejado é que as pessoas formem opiniões próprias, se disponham a agir e ajam. E mais, que se sintam donas dessa informação, repassem-na, utilizem-na e se tornem elas próprias fontes de novas informações. Para o sucesso de uma mobilização, é preciso que todos que dela participam tenham um comportamento comunicativo; tenham interesse e disposição para consumir e fornecer informações.

Muitas vezes, os veículos e os tipos de material que serão utilizados na coletivização são os mesmos de uma campanha de divulgação ou de publicidade, mas, certamente, seu conteúdo e sua forma serão diferentes, porque estarão orientados a outro tipo de compromisso.

Acompanhamento de resultados: definição de critérios e indicadores

Um processo de mobilização requer ainda que sejam identificados critérios e indicadores que permitam a cada pessoa saber se seu entorno e o campo de ação do movimento estão mudando na direção desejada.

Esses critérios e indicadores devem ser discutidos e definidos de uma forma democrática, evitando privilegiar, através deles, um ou outro aspecto isolado do movimento.

A informação decorrente de seu acompanhamento deve ser sempre divulgada para todos que participam e para a sociedade em geral.

Muitas vezes é difícil dar visibilidade social aos resultados, mas é preciso encontrar formas de fazê-lo. Eles são importantes para manter aceso o entusiasmo dos que estão participando, estimular a ampliação dos participantes e argumentar com os possíveis financiadores do movimento.

Estas quatro dimensões básicas do processo de mobilização social – o imaginário, o campo de atuação, a coletivização e o acompanhamento – devem ser construídas e operadas simultaneamente. A ausência de qualquer uma delas tem conseqüências diferentes: oferecer só imaginário é demagógico ou gera apenas angústia nas pessoas; só as atuações e decisões, sem imaginário, conduzem a ativismos passageiros ou movimentos sem rumo; se não há coletivização ou acompanhamento por indicadores se produz o desinteresse.

Uma experiência de mobilização social

Campos Altos: a opção de uma comunidade

Imaginário

No ano de 1994 a rotina de muitas crianças de Campos Altos mudou. Em vez de acordar cedo para acompanhar os pais nos caminhões que levam os trabalhadores para a **apanha** do café nas fazendas da região, fato normal no período de maio a setembro, elas acordaram cedo para passar um dia inteiro na escola. É que Campos Altos despertou e resolveu dar um basta em um dos maiores problemas da educação no município: a evasão escolar em função da colheita do café. A história desse despertar e da caminhada em direção à solução é uma lição de cidadania e respeito aos direitos das crianças.

A Consciência do problema - O primeiro ataque à evasão veio em 1993 através, ainda, de uma ação do governo. Crescia o número de crianças nas ruas, "vadiando e mendigando". O prefeito decidiu implementar um programa de atendimento a essas crianças. Elas se comprometiam a freqüentar a escola em um dos períodos e no outro faziam parte de uma "brigada", coordenada por um funcionário aposentado da Prefeitura, que capinava as ruas da cidade. Ao final do mês, cada criança recebia meio salário mínimo como remuneração. A condição para ingresso e permanência no programa era a freqüência à escola.

Em abril de 1994, a proximidade do início da colheita do café preocupava. Sabia-se que esse programa não seria suficiente para conter o movimento que, nos anos anteriores, levava até um terço das crianças a abandonarem a escola. Além disso, o número de crianças fora da escola, que não haviam sido matriculadas, e o índice de repetência eram elevados.

O prefeito e a Secretária Municipal de Educação participaram em 20 e 26 de abril de 1994 de duas reuniões em Belo Horizonte sobre o Pacto de Minas pela Educação e viram nele uma possibilidade de tratar os problemas que já haviam detectado. Decidiram, então, lançar em Campos Altos uma semente desse movimento.

Mobilizando toda a Comunidade - No dia 3 de maio foram programados vários eventos voltados para a educação. Durante o dia, no Clube Social, Dolores Cunha, coordenadora do Programa de Qualidade Total da Secretaria de Educação, fez uma palestra para os professores e diretores da rede municipal e estadual. Falou sobre os princípios da Qualidade Total e introduziu alguns temas do Pacto de Minas pela Educação.

À noite, na sede do Rotary Clube, foi feita uma reunião com representantes de entidades, professores, pessoas que se interessaram quando souberam que o assunto era educação. Da lista de presença, com mais de setenta assinaturas, além de professores, diretores e supervisores, constam desde o presidente da Cooperativa de Produtores de Café ao diretor do Clube Social, o pessoal da maçonaria e da Casa Espírita, da Folia de Reis e dos colegiados das escolas, alguns vereadores, o pároco, diretores do Sindicato dos Trabalhadores Rurais e representantes dos órgãos públicos como a EMATER e a CEMIG, associações comunitárias e do Comitê da Ação de Cidadania contra a Fome e a Miséria. Um grupo grande e representativo saiu de casa para conversar, ouvir e falar sobre Educação. Era sinal

Reeditores

de terra fértil, de uma disposição inicial, de interesse pelo assunto.

A reunião começou com uma palestra, uma exposição do que era o Pacto de Minas pela Educação, de seus objetivos e propósitos. Foi dada uma ênfase muito grande ao compromisso ético que temos com a geração das crianças de hoje, para assegurar melhores oportunidades e condições para o seu futuro. Um compromisso de ética e de cidadania. As pessoas ouviam mais ou menos caladas, faziam alguns comentários de pé de ouvido. No final, nos debates, as conversas de sempre. Uma diretora que falava das dificuldades, um professor que reclamava do salário, um cidadão que reafirmava a importância da educação e a necessidade de ação. De repente, uma ruptura. Uma pessoa levantou e falou, desiludida e conformada, que tudo era muito bonito, que o discurso era interessante, mas que na hora da realidade era diferente. A colheita do café estava chegando, e os meninos iriam largar a escola mesmo para ajudar os pais no cafezal. Era como se o triste destino das crianças de Campos Altos já estivesse traçado e fosse definitivo. A primeira reação foi de perplexidade, de cochichos concordando, uma certa censura por ter sido rompido um outro pacto, um pacto de silêncio. Havia caído uma parede que ocultava a verdade. Mas, aos poucos, a denúncia da distância entre o discurso e a prática, ao invés de contaminar de desânimo e conformismo as pessoas que ali estavam, despertou-as, explicitou uma certa hipocrisia e feriu os brios de cidadãos que começaram a reagir. Um produtor rural levantou-se e disse: "Eu entendi. Na minha fazenda este ano nenhuma criança vai apanhar café e eu vou fazer o que for preciso para que isso não aconteça." Outras pessoas começaram a concordar, algumas levantavam dificuldades, outras tomando consciência de que a realidade podia ser diferente, que elas podiam fazê-la diferente. As dificuldades eram citadas, mas na mesma hora apareciam sugestões de solução. Ninguém pensando especificamente no seu filho ou no seu vizinho, mas nas crianças de Campos Altos, na construção imaginária de um horizonte diferente de um cafezal, para elas e para a cidade.

No dia seguinte, 4 de maio de 1994, uma reunião na Prefeitura discutia a evasão escolar na colheita do café. Estavam presentes o prefeito, o pessoal da educação, produtores e trabalhadores rurais, lideranças, o pároco. A educação havia conquistado um lugar importante na agenda de Campos Altos.

Segundo a ata de reunião, "foi feito um diagnóstico simples das causas que induzem as crianças a evadirem das escolas durante a colheita do café, resultando ainda no aumento da repetência em Campos Altos". Tentou-se um levantamento do número de crianças, mas só duas escolas conheciam seus números. Decidiu-se, então, por uma reunião com os pais e a comunidade em cada uma das escolas mais afetadas. A primeira seria na Escola Amélia Franco, no dia 6. Dia 9 fariam uma avaliação, e nos dias 10 e 11 as reuniões seriam nas outras escolas. No dia 12, uma nova reunião no Rotary, já para acertar as ações.

As reuniões nas escolas serviram para derrubar um mito: a importância da renda das crianças para as famílias e o descaso das famílias com a educação. Segundo os depoimentos das mães, elas levavam os filhos para o cafezal "com o coração partido". Sabiam que estavam comprometendo o seu futuro, mas, na sua maioria, não tinham com quem deixar. Outras vezes, os **maiorezinhos** tinham que deixar a escola para ficar em casa cuidando dos menores. Abandonavam a escola na época da colheita, mas não participavam dela. A renda do trabalho das crianças era considerada pequena demais pelos pais e não compensava a preocupação com os filhos no caminhão ou soltos pelo cafezal.

O caminho estava aberto para uma ação que mobilizou a comunidade de Campos Altos. O movimento superou diferenças políticas. Produtores e trabalhadores saíam juntos pelas vilas alertando os pais. Reuniões de mães ajudaram a identificar aquelas que não iriam para o cafezal e poderiam tomar conta dos pequeninos. No final, eram cerca de 120 crianças que dependiam de uma solução. Foi decidido que elas ficariam nas escolas e lá receberiam alimentação e desenvolveriam atividades de reforço escolar e recreação; os menores iam para as creches ou ficariam com vizinhas.

Foi uma "avalanche" de ações de solidariedade para garantir as condições para essa permanência.

Coletivização

Os produtores, o Rotary, a maçonaria fizeram campanhas arrecadando alimentos para as "crianças do cafezal". No comércio, o recibo dado pelos lojistas na compra dos alimentos destinados às escolas vinha com o campo "referente a" preenchido assim: "compra de... para o almoço das crianças do Pacto pela Educação, porque lugar de criança é na escola". Todos os dias a comunidade reafirmava sua crença no direito à educação. Escolas que não estavam com crianças cediam serventes para ajudar. Profissionais se ofereceram para dar aulas de reforço. O padre falava na missa e cedia o salão paroquial para algumas atividades. As histórias de apoio e solidariedade são muitas. Também são muitos os depoimentos de mães, pais e crianças, de reconhecimento e alegria.

Resultados

Toda a mobilização conseguiu reduzir significativamente a evasão no período da colheita. Nas escolas municipais, ela caiu de 30,98% em 1992 para 15,15% em 1993 e para 7,4% em 1994.

Ampliando os objetivos - No segundo semestre, um novo desafio: a repetência zero. Esse foi conceituado como um horizonte ético, como o de um médico que se dispõe sempre a salvar todos os doentes que passam por sua clínica, mesmo sabendo que a morte é inevitável. Ele não considera aceitável que morra 10% ou 15% de seus pacientes. Ele quer 0%. Da mesma forma, a escola teria que ter a meta ética de nenhuma repetência, e que cada vez que isso acontecesse fosse uma derrota para todos e não apenas uma falha das crianças.

Aulas de reforço, colaboração de colegas, profissionais liberais, criação de turmas especiais de recuperação fora do horário normal de aulas e novos resultados. Os índices de repetência caíram significativamente.

1995 - Lutando contra os profetas da catástrofe, que continuavam a achar que tudo era "fogo de palha", a colheita de 1995 encontrou a comunidade de Campos Altos pronta para agir e não permitir retrocessos. Novo movimento, novas metas e o desafio de sempre: Lugar de criança é na escola. Em julho de 1995, uma marca de café produzida em Campos Altos lançava um adesivo, a ser afixado em sua embalagem: "Não foi utilizado trabalho infantil na produção deste café".

Comunicação de resultados

Em setembro do mesmo ano, a população de Campos Altos colocou na margem da rodovia, nas entradas da cidade placas com os seguintes dizeres: "Você está entrando no município de Campos Altos, onde a comunidade se orgulha de não ter uma só criança de 7 a 14 anos sem estudar. Agora, o desafio é zerar a repetência."

CAPÍTULO II

Modelo de comunicação para organizar, orientar e apoiar um processo de mobilização

O papel e as funções da comunicação

Toda mobilização social requer um projeto de comunicação em sua estruturação. A comunicação social tem contribuições importantes e fundamentais no processo de coletivização.

O projeto de comunicação de um processo de mobilização tem como meta o compartilhamento, o mais abrangente possível, de todas as informações relacionadas com o movimento, o que inclui desde os objetivos, as informações que justificam sua proposição, até as ações que estão sendo desenvolvidas em outros lugares, por outras pessoas, o que pensam os diversos segmentos da sociedade a respeito das idéias propostas, etc.

Tudo isso é condição para a mobilização, por uma série de justificativas:

- Primeiro, por uma questão de *coerência*. Se as pessoas têm que ter autonomia, iniciativa e responsabilidade compartilhada, elas precisam e têm direito a ter acesso a toda informação. A informação é um direito e uma exigência para uma participação livre e consciente.
- Através da divulgação dos propósitos da mobilização e das informações e dados que justificam seus objetivos, a comunicação social contribui para *ampliar as bases do movimento*, dando-lhe abrangência e pluralidade. Essa é uma das condições de sucesso de uma mobilização, e a diversidade só é alcançada onde há uma eficaz divulgação dos propósitos do movimento e de como dele participar.
- Os reeditores ganham segurança quando têm acesso a essas informações. É uma oportunidade para que façam uma *verificação de pertinência* do que estão falando ou fazendo.
- Essa divulgação contribui ainda para *reforçar e legitimar o discurso dos reeditores*. Quem o ouvir falando vai saber que ele não tirou aquilo do nada, que mais gente também está tratando desse tema. Esse é um ponto importantíssimo. Um reeditor que esteja participando de uma mobilização não pode se sentir sozinho, nem ser visto como uma voz isolada. Quando as pessoas vêem que aquelas idéias estão sendo compartilhadas

por outros, elas se dispõem a ouvir melhor, não as rotulam com "isso é coisa de fulano..." e passam a respeitar mais, são menos agressivas e resistentes. O reeditor, por sua vez, sente-se mais seguro, evita com mais facilidade os conflitos, porque não precisa ser tão enfático e contundente para chamar a atenção das pessoas; enfim, exerce a sua liderança com mais tranqüilidade.

- A *divulgação de ações e decisões dos diversos grupos*. Isso vai ajudar as pessoas e os grupos a identificarem alternativas para suas próprias ações, formando um "Banco de Idéias", que poderão ser copiadas e apropriadas por um maior número de pessoas. A experiência daqueles que estão mais adiantados no processo de transformação é um dos maiores incentivos e um fator facilitador da adesão de novos participantes. Primeiro, porque eles vêem que é possível agir e conseguir resultados. Depois, porque, quando ainda não estão muito seguros sobre o que fazer, podem aproveitar as experiências de sucesso de outras pessoas ou grupos e assim "pegar impulso" para empreenderem sua própria caminhada.

- Saber que outras pessoas estão também atuando, em outros lugares e setores, mas com o mesmo objetivo e sentido, contribui para desenvolver o sentimento de poder e autonomia das pessoas que estão participando da mobilização.

> É esse sentimento que chamamos de *coletivização*, que vai dar segurança de que será possível alcançar o objetivo proposto. Cada um sabe que o que pode fazer sozinho é pouco e, provavelmente, insuficiente para mudar a realidade, mas acredita na força da ação de todos. Por isso, tem que estar seguro das razões de sua ação e de que outros vão agir com o mesmo propósito.

A comunicação pode ser concebida e estruturada de diferentes formas, de acordo com o tipo de projeto e propósitos buscados. É o projeto ao qual se refere a comunicação que define seu modelo, forma, fins e meios. Cada processo de mobilização participada requer um modelo de comunicação específico.

A efetividade da comunicação para a mobilização participada depende muito do conhecimento que se tenha do campo de atuação do reeditor. A existência de pesquisas e literatura sobre um campo de atuação facilita a classificação dos fatores que podem ser alterados, seja pelo comportamento do reeditor, seja pela atuação própria de outros atores. Ou seja: o conhecimento do campo de atuação dos reeditores é essencial para a definição do conteúdo da comunicação e para a escolha dos veículos e canais que serão utilizados.

A Comunicação: uma classificação

Os modelos de comunicação podem ser classificados, pelo menos, em três grupos:

- **A comunicação de massa:** dirigida às pessoas como indivíduos anônimos. Por sua natureza, constrói-se sobre códigos *standards* perceptíveis e decodificáveis por setores amplos da população. A publicidade é o melhor exemplo.
- **A comunicação macro:** dirigida às pessoas por seu papel, seu trabalho ou sua ocupação na sociedade. Constrói-se sobre códigos próprios de uma profissão, ocupação ou outro tipo de vínculo social. Os sistemas de comunicação de redes ou comunidades profissionais, os sistemas de educação continuada são alguns exemplos. É também chamada comunicação segmentada.
- **A comunicação micro:** dirigida a grupos ou pessoas por sua especificidade ou diferença. Não se constrói sobre códigos *standards*, mas sobre as características próprias e diferenciais do receptor. A comunicação entre um grupo de amigos, em uma junta diretiva, em um projeto de bairro ou em uma sala de aula são alguns exemplos. É também chamada comunicação dirigida.

Os diferentes meios (rádio, TV, impressos, vídeo, fibra ótica, etc.) podem ser usados em qualquer dos níveis anteriores, mas cada um desses níveis tem possibilidades distintas com relação à cobertura. Essas variáveis estão inversamente relacionadas: quanto maior a cobertura (comunicação massiva), menor a possibilidade de criar modificações estáveis (efetividade). Pelo contrário, a comunicação pessoal (nível micro) tem melhores possibilidades de efetividade.

A comunicação macro combina a efetividade e a cobertura de uma forma específica.

Isso não significa que um tipo de comunicação seja melhor que o outro. Em um projeto de comunicação participada, geralmente, os três tipos são necessários, ainda que a comunicação macro seja a fundamental. Por isso, requer um melhor aprofundamento.

A comunicação macrointencional

A comunicação macrointencional parte de uma convocatória feita por um produtor social, dirigida a reeditores determinados, através de redes de comunicação direta, apoiada pelos meios de comunicação de massa e orientada para gerar modificações nos campos de atuação dos reeditores, em função de um propósito coletivo.

Na página seguinte, encontra-se o Modelo de Comunicação Macrointencional (modelo lógico geral), proposto por Juan José Jaramillo(*).

É importante termos um conceito claro do que é um modelo, para que façamos dele o melhor uso.

Um modelo para ação articula as referências teóricas e o que aprendemos com as experiências já realizadas, fornecendo uma referência geral, um guia para a atuação, que deve poder ser ajustado para as condições locais e de cada momento.

(*)J. C. Jaramillo (1991), "El Modelo de Comunicacion Macrointencional". Fundación Social, Bogotá.

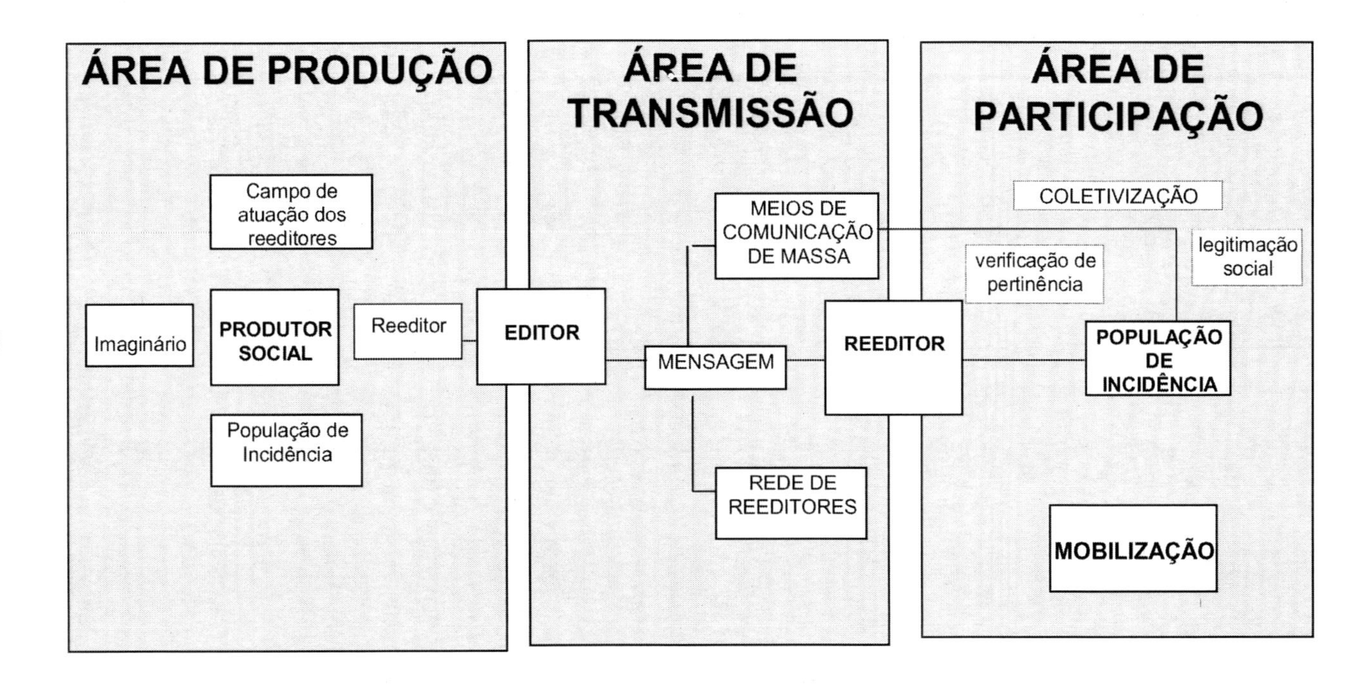
ÁREA DE PRODUÇÃO
Campo de atuação dos reeditores
Imaginário
PRODUTOR SOCIAL
Reeditor
População de Incidência
EDITOR
ÁREA DE TRANSMISSÃO
MEIOS DE COMUNICAÇÃO DE MASSA
MENSAGEM
REDE DE REEDITORES
REEDITOR
ÁREA DE PARTICIPAÇÃO
COLETIVIZAÇÃO
verificação de pertinência
legitimação social
POPULAÇÃO DE INCIDÊNCIA
MOBILIZAÇÃO

Ele não é, portanto, uma "camisa-de-força". Nem é estático. Um ator social pode estar, em um determinado momento, sendo público de um reeditor e, em outro momento, sendo ele próprio um reeditor. O modelo estabelece e caracteriza as relações, mas não as pereniza nem imobiliza.

Uma mesma pessoa ou instituição pode estar desempenhando, ao mesmo tempo, em mais de um papel, e um mesmo papel pode estar sendo desempenhado por mais de uma pessoa ou instituição.

As redes de comunicação direta

A comunicação macrointencional requer que o produtor social possa se comunicar diretamente com o reeditor que quer convocar e que o reeditor possa se comunicar com o Produtor.

A comunicação macrointencional precisa localizar, no tempo e no espaço, os reeditores que pretende mobilizar, para fazer chegar a eles as mensagens e os instrumentos para sua atuação, em função do imaginário e dos objetivos propostos. Essa comunicação não supõe que o produtor social conheça pessoalmente o reeditor. Requer que ele possa localizá-lo, segundo seu papel e seu campo de atuação.

Os meios de comunicação de massa

Na comunicação macrointencional para a mobilização participada, é necessário "posicionar" o imaginário e coletivizar a atuação dos reeditores. A força de convocação do imaginário depende de sua natureza e da difusão e ampla legitimidade que alcançar, tanto para o reeditor como para a opinião pública. O reeditor necessita saber que os "outros" sabem que ele está fazendo modificações em seu campo de atuação em favor daquele imaginário e de determinados objetivos. Além disso, requer algum grau de certeza de que outros reeditores de sua mesma categoria estão modificando seu campo de atuação no sentido do imaginário e dos objetivos propostos (sentido de coletivização).

O apoio dos meios de comunicação de massa é fundamental para tornar possíveis esses aspectos.

A linha da comunicação

Como toda mobilização é uma convocação de vontades, a comunicação que lhe é própria deve ser de natureza convocatória. Esse é um aspecto fundamental. A convocatória deve surgir da natureza e forma do imaginário e dos objetivos que a comunicação propõe. Ela é uma comunicação pública (que convém a todos), na medida em que se dirige a reeditores sociais legítimos. Por isso, ela prescinde de instrumentos de coação nessa convocação e se fundamenta no compromisso autônomo do reeditor, o que significa dizer que é democrática.

Mesmo quando o objetivo for a divulgação de resultados e ações, a comunicação deve manter sempre essa linha de convocação, de convite, de abertura e valorização da participação de todos.

O papel dos líderes

Como a circulação de informações é fundamental para o funcionamento e crescimento de uma rede, esta se constitui na função principal daqueles que promovem ou lideram um processo de mobilização. Eles são essencialmente facilitadores da intercomunicação e não dirigentes, comandantes ou coordenadores da rede. Podem se constituir em uma secretaria executiva ou um conjunto delas, em colegiados ou outra forma que for julgada adequada pelos produtores em seu início ou pelos participantes quando o processo ganhar fôlego. Tais estruturas, tenham o nome e o formato que tiverem, servem à rede e, por isso, devem ter na qualidade, na isenção e eficácia do seu trabalho sua fonte de legitimidade. O reconhecimento desse trabalho, de sua importância e da legitimidade dos que o executam é um dos fatores de sucesso de uma mobilização.

Parte III

Alguns aspectos que devem ser levados em conta em um processo de mobilização social

CAPÍTULO I

Como se desenvolve um processo de mobilização social

Um processo de mobilização passa por dois momentos. O primeiro é o do despertar do desejo e da consciência da necessidade de uma atitude de mudança. O segundo é o da transformação desse desejo e dessa consciência em disposição para a ação e na própria ação.

Esses dois momentos podem estar acontecendo simultaneamente entre públicos diferentes. Enquanto um está "despertando", o outro já está agindo e serve de referência e estímulo para quem está começando. Os argumentos que serão usados mudam ao longo do processo; tudo é vivo e dinâmico.

Na primeira etapa do despertar, é preciso:

- Dar informações para que as pessoas tomem conhecimento da situação que precisa ser trabalhada. Aqui cabe uma ressalva importante. Estamos falando de dar informação às pessoas que, a partir disso, vão decidir o que pensar e o que fazer. É preciso muito cuidado para não assumir nessa hora uma atitude de cobrança, de querer que o outro pense exatamente como nós. Temos que ser claros na informação para que cada um avalie e forme sua opinião. Não se trata de "conscientizar", no sentido de dizer: "pense como eu", "avalie como eu avalio".

Devemos transformar dados, experiências, estatísticas em informação pública, isto é, vinculá-los aos problemas que estamos trabalhando, fazendo um diagnóstico proativo, que aponte as dificuldades, mas sinalize com esperanças e alternativas.

- Essas esperanças e alternativas devem se expressar na criação de um imaginário que exprima o horizonte a ser alcançado, que torne visível a nova realidade decorrente do alcance dos propósitos da mobilização.
- Acreditar que toda pessoa está sempre disposta a participar de um processo de mudança, que vê no seu objetivo um benefício, uma perspectiva de um mundo melhor para ela e para aqueles a quem se sente ligada.
- Passar do desejo e da consciência de necessidade de mudança para a disposição para a ação significa passar de uma perspectiva individual para uma perspectiva coletiva. O "despertar" é individual, uma experiência única de cada

indivíduo. A ação é coletiva, segundo a escolha comum de todos esses indivíduos que se dispõem a atuar. Isso é importante, principalmente, porque, juntas, as pessoas se sentem poderosas o suficiente para alcançarem o imaginário proposto. Esse sentimento existe quando:

- Elas estão seguras de sua autonomia para agir.
- Elas sabem que outras pessoas estão, ao mesmo tempo, em outros lugares, de formas diferentes, desenvolvendo ações com o mesmo objetivo e sentido.
- Elas enxergam o que podem fazer para contribuir no seu cotidiano, no seu ambiente de vida, com as pessoas que conhecem e se identificam. É preciso que elas se vejam, que consigam explicitar e projetar ações e resultados com os quais elas possam se comprometer.

Este é um ponto crítico do processo. É muito comum que as pessoas entendam as informações e se sintam dispostas a agir, mas têm dificuldade para identificar alternativas de ação. Se isso acontece, as informações podem simplesmente aumentar a sua angústia e até mesmo os seus conflitos com quem ela vê como responsável por agir e não gerar mobilização, participação e solução.

Por isso, um dos papéis de quem está articulando e promovendo uma mobilização é prover quem está entrando no processo de um repertório de possíveis ações e decisões, que transformem o incômodo que as informações despertaram em contribuição efetiva para os objetivos propostos.

Uma solução interessante é propor uma ação coletiva, uma campanha com finalidade específica, onde fique bem clara a ação a ser desenvolvida e a expectativa de cada um em relação aos outros. Essa atividade contribuirá para explicitar os objetivos, dar visibilidade aos primeiros resultados, posicionando a mobilização como um movimento de ação e não exclusivamente de reivindicação ou denúncia. É muito difícil que uma pessoa saia de uma reunião, de uma conversa ou de uma leitura disposta a fazer alguma coisa por iniciativa própria. Só depois de participar de uma primeira atividade em conjunto é que ela estará mais disposta e segura para desenvolver outras ações, liderar um grupo, criar alternativas, assumir publicamente seu compromisso com uma idéia.

CAPÍTULO II

Como dar início ao processo

O planejamento e a preparação de um processo de mobilização social começa com três atividades:

- Estruturação das redes de reeditores;
- Converter o imaginário em materiais e mensagens que possam ser usados no campo de atuação do reeditor;
- Estruturar os sistemas de coletivização.

Estruturação das redes de reeditores

O primeiro passo no planejamento da mobilização é a identificação dos setores que precisam ser mobilizados e dos reeditores que se relacionam com eles.

O Quadro 2, "Compreensões e decisões que devem ocorrer conjuntamente para a melhoria qualitativa do curso primário, segundo categorias de reeditores que decidem e atuam no processo educativo", apresentado anteriormente, mostrou um exemplo de planejamento que definiu três áreas, segundo o tipo de contribuição e participação que cada grupo de pessoas poderia ter, e listou sugestões de decisões e ações.

Essa etapa é uma das mais importantes para o sucesso da mobilização. É necessário ser preciso e considerar os pontos levantados no item sobre o *campo de atuação*.

Preparação de materiais

Na coletivização são utilizados materiais, produzidos, pelo menos no primeiro momento, por quem está tomando a iniciativa da mobilização.

Esse material não tem uma finalidade promocional, mas informativa e convocatória. Sua função é facilitar e dar sustentação às ações de divulgação dos propósitos, das alternativas de ação e dos resultados alcançados, estimulando o aumento da participação.

Por isso, ele deve ter algumas características:

- Ser claro e objetivo no conteúdo e atraente na forma.
- Ser "assinado" pelo movimento ou por vários de seus participantes (o que é de todos ou de muitos não é de ninguém em particular).

- Ter um baixo custo de produção e ser facilmente reprodutível – prestar atenção no tamanho mais econômico, na facilidade para "xerocar", etc.
- Explicitar que não há necessidade de autorização para ser reproduzido. Isto funciona como estímulo para as pessoas darem divulgação ao texto, reproduzindo-o totalmente ou em parte, reinterpretando-o.
- Ter espaço reservado para a assinatura de eventuais patrocinadores.
- O acesso aos materiais deve ser facilitado com o cuidado de não fornecer quantidades excessivas. É uma forma de valorizar o material e de estimular as pessoas a viabilizarem sua reprodução.
- Estimular para que, na medida do possível, sejam pensados e produzidos materiais dirigidos a cada um dos públicos, de uma categoria ou de uma região, com mensagens adequadas a seus valores, símbolos, experiências, enfim, ao seu jeito de se comunicar.
- No caso de jornais e boletins, preocupar-se em facilitar o acesso nos dois sentidos, seja como leitor ou como fonte de novas informações.
- Os cartazes e faixas são peças muito boas para "esquentamento", tanto para decorar espaços que vão sediar reuniões quanto para a divulgação de idéias.

O comportamento comunicativo dos participantes possibilita que sejam descobertos e criados canais e veículos que não seriam pensados convencionalmente.

No item 1.6 da Parte II, foram citados alguns exemplos de veículos não convencionais que foram utilizados em Campos Altos, Minas Gerais, para mobilizar e dar visibilidade aos resultados alcançados: o recibo de venda de mantimentos, o selo em uma embalagem de café, uma placa de estrada.

O momento da convocação

Uma vez identificados os reeditores que precisam ser mobilizados, preparados os materiais básicos e o projeto de comunicação, é hora de dar início ao movimento.

Primeiro, os principais reeditores devem ser procurados, informados sobre os propósitos e as expectativas e receber o material básico que tiver sido preparado. O ideal é uma conversa individual, pelo menos com aqueles que forem mais significativos e cuja adesão for essencial para o sucesso do movimento. Por exemplo: no caso de uma mobilização na área de educação, é importante conversar com as lideranças dos professores, dos pais e dos alunos, com os principais dirigentes do setor e com as lideranças de alguns setores não diretamente ligados com a educação, como centrais sindicais e entidades empresariais. Além desses, vale procurar as lideranças mais significativas na cidade e fazer um contato com a imprensa local.

Quando estes estiverem informados e seguros sobre a idéia, é hora de abrir mais o movimento.

Se a opção for a realização de uma reunião, o primeiro passo é listar os convidados. A lista será diferente em função dos propósitos e da abrangência pretendida, mas, mantidos os limites do bom senso, é melhor pecar pelo excesso. Tente identificar o maior número possível de reeditores. É muito comum que alguém que não foi chamado na primeira hora se sinta excluído e depois fique meio relutante em participar. Isso quando ele não criar explicações para o fato, contribuindo para criar uma imagem de que é um movimento de alguém, que restringe e escolhe quem pode ou não participar. O melhor é não correr esse risco.

A partir daí, se tivermos tido sucesso na forma como foi apresentada a proposta, o movimento ganha rumo próprio. No primeiro momento, é bom consensar uma ação bem concreta e de fácil visibilidade: uma campanha específica, um objetivo imediato. É que nessa hora as pessoas ainda estarão um pouco inseguras e querendo ver como será colocada em prática a proposta apresentada. Não dá para se ter uma receita, e o único segredo é observar com rigor os princípios de autonomia e iniciativa na ação. E agir. Vale lembrar a frase de Antônio Machado: "Caminhante, não há caminho. O caminho se faz ao caminhar." E complementá-la com São João da Cruz: "Se queres chegar a um lugar que não conheces, tens que pegar um caminho que também não conheces." Não é fácil caminhar na obscuridade e na incerteza, nem construir seus próprios caminhos, mas os resultados são gratificantes.

Até aqui é possível planejar antecipadamente o trabalho e prepará-lo. Daqui para frente, o movimento ganha dinâmica e identidade próprias. Existem alertas e sinalizações, baseados na observação e análise da experiência de alguns movimentos e na busca constante de coerência. Alguns problemas e dificuldades acontecem com mais freqüência e vale a pena prevenir. Diante de quaisquer dificuldades, a "receita" é lembrar-se de três coisas e reafirmar o compromisso com elas: quais são mesmo os propósitos da mobilização, o respeito à autonomia e iniciativa de todos e de cada um e a ampliação do movimento como solução para a maioria dos conflitos.

Sistematizar e registrar

Os processos de mobilização que não são registrados não podem ser divulgados, nem servir de exemplos, positivos ou negativos.

É importante registrar não apenas os resultados, mas os processos que ajudaram a construi-los. Refletir sobre esses processos gera novas aprendizagens, permite identificar oportunidades de melhoria e ajuda a criar metodologias que podem ser úteis para outros parceiros.

Eventos e campanhas

A mobilização não se confunde com eventos ou campanhas, embora possa usar dessas estratégias.

O evento por si só não assegura mudanças porque ele não tem correspondência no quotidiano. Aconteceu e acabou. Pode deixar um resíduo de sensibilidade para um problema, mas este se perde na retomada do dia-a-dia.

Mesmo um conjunto de eventos, seminários, oficinas, gincanas, passeatas não equivale a um processo de mobilização. Pode estar acontecendo tudo isso e não estar ocorrendo um processo efetivo de mobilização.

A mobilização não se confunde com manifestação, não exige que as pessoas estejam fisicamente juntas, mas unidas por propósitos e sentidos comuns, orientados para uma ação.

O evento tem dois sentidos no processo de mobilização:

- Enquanto momento de troca e difusão de informações.
- Enquanto "liturgia", isto é, como uma verificação pública, através de símbolos, onde manifestamos nossas crenças. Esse é um papel muito relevante, especialmente no início do processo e em certos momentos de seu desenrolar em que é preciso "renovar a nossa fé", revitalizar nossos sentimentos e disposições.

A mobilização se concretiza quando os gestos, as crenças e as informações se consolidam, se propagam, se multiplicam e geram ações que concorrem diretamente para os objetivos, em função dos quais está sendo proposta a mobilização.

Da mesma forma, a mobilização não é uma campanha com começo, meio e fim. Nas campanhas são definidos certos objetivos específicos, e ela termina e se desfaz quando aquele objetivo é alcançado.

Mas, também, as campanhas podem, e às vezes até devem, ser utilizadas como parte de um processo de mobilização. Elas são importantes nos primeiros momentos porque contribuem para dar visibilidade imediata sobre objetivos e alternativas de ação. Voltam a ter seu lugar durante o processo também como estratégia de "esquentamento". Para que cumpram esse papel, seu objetivo deve estar sempre relacionado com o imaginário proposto, a participação deve ser muito facilitada e seus resultados devem ser sempre amplamente divulgados.

CAPÍTULO III

Lidando com algumas dificuldades

Como romper com o fatalismo e a desesperança

As maiores barreiras para que uma pessoa ou grupo se disponha a agir são o fatalismo e a desesperança. O fatalismo acaba gerando e justificando um certo tipo de cinismo, uma vez que, por causa dele, aceitamos conviver com situações que condenamos. Por isso, o seu antídoto é o apelo ao compromisso, ao comportamento e aos valores éticos das pessoas. Mostrar e conseguir que as pessoas vejam que existem situações com as quais não podemos conviver, em relação às quais não devemos ser tolerantes.

Quanto à desesperança, o remédio é trabalhar o conceito de cidadania. É ele que vai aumentar a segurança, despertar a capacidade empreendedora coletiva e fazer com que as pessoas se sintam poderosas para produzir mudanças. E aí é só começar, porque os primeiros resultados vão reforçar e ampliar esse sentimento.

Como romper com o "costume com a ruindade"

"Talvez o mais trágico na sociedade brasileira atual não seja a existência da desigualdade, da miséria e da violência. O mais trágico é a naturalidade com que todos nós convivemos com esta realidade", escreveu Margarida Vieira em artigo intitulado *A banalização do mal*.[1]

Caetano Veloso também já cantou: "Enquanto os homens exercem seus podres poderes,/ morrer e matar de raiva, de fome e de sede,/ são tantas vezes/ gestos naturais".

Esta é uma das maiores barreiras ao processo de mobilização: o "costume com a ruindade", o sentimento de que sempre foi assim, que outros já tentaram ("eu já vi este filme"...).

Romper com esse sentimento exige assumir o destino e a construção da ordem social. Aceitar que somos nós que a criamos, com nossas ações, nossas omissões e nossas permissões e delegações para que outros ajam por nós. Por isso, podemos modificá-la.

---

[1] Jornal *Estado de Minas*, 25/09/95.

A atitude de conformismo e de não indignação só é rompida quando assumimos nosso lugar enquanto cidadãos, construtores da ordem social. Por isso, as informações e os argumentos de convencimento, de compartilhamento do imaginário, têm que ser dirigidos às pessoas enquanto cidadãs, pessoas físicas, solidárias na construção da realidade. Os sentimentos a serem despertados são de natureza ética e cidadã.

Como começar quando o imaginário não está muito claro

A resposta é: começando. Tendo um horizonte, alguns princípios, clareza dos conceitos básicos e dos valores, o imaginário vai se configurando aos poucos. Existem algumas fontes: a Constituição, as músicas, a literatura e, principalmente, muita conversa. O importante é tê-lo delineado, não necessariamente de maneira definitiva e precisa. No caso, por exemplo, do Pacto de Minas pela Educação, um movimento a favor da educação, começou-se tendo como imaginário mudar uma situação indesejável, expressa com mais eloqüência nas altas taxas de evasão e repetência e no grande número de crianças fora da escola. Ao informar esses dados e refletir sobre as suas conseqüências sobre a sociedade, seu impacto na auto-estima das crianças e no seu elevado custo econômico, criava-se o sentimento de indignação e intolerância com a situação e a partir daí se construía, para cada município, uma visão de futuro diferente, que começava com zerar o número de crianças fora da escola, depois a repetência, até chegar ao debate sobre o futuro desejado e a educação necessária para construi-lo. A receita é a atenção aos conceitos de democracia, cidadania e participação e coerência no cotidiano do movimento.

Como alcançar abrangência e pluralidade

É condição do sucesso de uma mobilização que o tratamento do problema que ela quer solucionar deixe de ser uma preocupação dos círculos restritos de especialistas e das pessoas que atuam diretamente sobre ele para se tornar uma preocupação de um grupo maior e mais diversificado, que vai trazer novas visões que contribuirão para romper com verdades estabelecidas. É preciso que se instale, como sugere Antônio Carlos Gomes da Costa, um novo debate, com novas lideranças e novos atores.

Um processo de mobilização não pode ter donos. A melhor forma de evitar que ele seja apropriado ou visto como de um grupo restrito, que manda e define seus rumos solitariamente, é assegurar as condições para que ele seja realmente de todos que dele quiserem participar.

Para isso, é preciso:

- que os "Produtores Sociais" que estão liderando o processo assegurem:

- a livre circulação de informações;
- a articulação e mobilização de reeditores do maior número possível de setores, o que contribuirá para colocar o movimento acima dos partidos políticos, das religiões, de todas as formas de divisão.

- que os reeditores estejam atentos para:
- evitar nomear pessoas como dirigentes formais do trabalho. Às vezes é preciso designar pessoas como responsáveis por esta ou aquela providência, mas isso não dá a elas superioridade ou autoridade sobre as demais. A execução ou coordenação de tarefas é uma posição de ajuda ao grupo, que cada um pode assumir na medida em que se sentir necessário, disponível e capaz.
- evitar polemizar e assumir atitudes hostis para com as pessoas que se mostrarem reticentes em relação às propostas e idéias apresentadas. Procurar conversar e convencê-las. Quando isso não for possível, buscar ampliar as discussões, evitando que elas sejam rotuladas de pessoas-problema, o que as afastaria ainda mais. Não permitir que as críticas e as dificuldades sejam personalizadas.
- que as propostas sempre reflitam o que une as pessoas, não os seus pontos de discordância. O desafio é responder sempre, e de forma cada vez mais ampla, à pergunta: sobre o que estamos de acordo, apesar de nossas divergências? Esse deve ser o horizonte de ação do movimento.

Mobilização social: um movimento sem um dono

Não ter dono não significa não ser de ninguém, mas ser de todos. É ser público, no sentido de que convém e pertence a todos. Sendo de todos, no coletivo, não é de ninguém em particular.

A maioria dos problemas e dificuldades que surgem no decorrer de um processo de mobilização tem uma causa comum: alguém, uma pessoa ou um grupo, está querendo dominar o movimento, está assumindo a definição de seus rumos, está se tornando ou se sentindo "dono", com mais autoridade do que os outros.

A solução nesses casos, não é contrapor uma outra autoridade, mas ampliar, democratizar mais ainda o acesso e a participação, chamar mais gente, abrir mais o leque das alternativas de ações. Quanto mais o movimento for de todos e de muitos, menos espaço sobra para a ação de quem quer se apropriar dele, restringir a autonomia dos outros, se aproveitar dele para conquistar poder ou benefícios.

O essencial e o que tem que ser permanentemente preservado são os propósitos do movimento, ampliados ou não por deliberação autônoma e negociação entre os que dele participam, e a liberdade de iniciativa de quem se propõe a contribuir para alcançá-los. Esses dois princípios são os pilares da mobilização, e toda vez que alguém estiver "pecando" contra eles deve ser alertado pelos outros, que devem procurar garantir o espaço dos que estão sendo afastados ou excluídos.

Um movimento sem hierarquia

A participação mais ou menos assídua, a contribuição mais direta, há quanto tempo começou a participar, nada disso gera hierarquias e poderes.

Lembrando da "Ação da Cidadania contra a Fome e a Miséria": Algumas pessoas articularam, montaram e coordenaram um comitê em sua casa ou em sua empresa. Outras se dispuseram a participar de um comitê, reunindo pessoas, identificando famílias a serem assistidas e ajudando a distribuir os alimentos arrecadados. Mas teve gente que não fez nada disso, mas doou dez quilos de alimentos, outros doaram só um quilo. Quem participou do movimento? Todos participaram, e cada um a seu modo foi igualmente importante. Os resultados não seriam alcançados se só existisse quem quisesse doar, e não tivesse a quem encaminhar para distribuir ou, ao contrário, se só houvesse organizadores de comitês e não houvesse doadores.

Essa é a riqueza no processo de mobilização: tem lugar para todo mundo e para cada um, de acordo com seu interesse e suas possibilidades. Não tem lugar é para o sentimento de culpa ou de inferioridade por estar participando pouco ou para a arrogância e o poder porque está participando mais.

Aqueles que, para o bom andamento do movimento, recebem missões ou tarefas específicas e se dispõem a cumpri-las o fazem para servir ao movimento e não para conquistar espaço ou poder. O espaço e o poder coletivo do movimento crescem com cada nova adesão e sempre é possível garanti-los a todos.

A ampliação dos objetivos

Depois que as pessoas descobrem a sua capacidade de agir, tendem a ampliar aquilo que o produtor social havia definido como objetivo do processo. Muitas vezes questionam a atuação dele próprio, querem um espaço maior de ação, interferir em assuntos que eram prerrogativa de poucos. O movimento ganha uma conotação reivindicatória. Paradoxalmente, esse é um problema e é um dos sinais de sucesso de um processo de mobilização.

O produtor social e as lideranças do movimento vão ter que lidar com isso. Como? Vai depender de cada situação. É importante que eles não assumam uma posição de resistência e aceitem discutir as propostas. A regra geral é negociar, incorporar o que for razoável, acompanhar o crescimento do grupo. O critério para avaliar as propostas é verificar em que medida contribuem para os objetivos. É preciso não perder a objetividade e evitar que o movimento se distancie dos resultados pretendidos.

As dificuldades com os especialistas

Um dos problemas mais freqüentes é a resistência que a participação de pessoas diferentes desperta naqueles que são os especialistas, que se sentem os donos do conhecimento sobre o assunto que se pretende tratar.

Essa é uma das mudanças que um processo de mobilização traz para uma sociedade e um dos motivos pelos quais ela se justifica. Os assuntos deixam de ter donos, de serem tratados de forma isolada de seu conteúdo mais global, de seu interesse social, de sua vinculação a um projeto de futuro.

Esse é um dos conflitos constitutivos da riqueza de um movimento. Introduz novas visões, amplia os horizontes e dota cada campo de atuação de critérios éticos, por isso mesmo externos a ele. É bom lembrar que não devemos temer os conflitos, que eles são parte dos processos democráticos.

O importante é respeitar as dificuldades desses especialistas em aceitar essa abertura. Não discutir com eles os aspectos técnicos; na maioria das vezes, eles entendem mesmo do assunto e são eles que vão continuar trabalhando na área. Eles não devem ser ou se sentirem isolados, mas parte do processo. A sua participação é importante, só não podemos aceitar o imobilismo que decorre da postura de quem já sabe tudo, de quem já tem todas as respostas.

É importante procurar conversar com eles não como técnicos, mas como cidadãos. Tirá-los da posição que os isola e colocá-los como parte da sociedade, para que vejam no movimento não uma ameaça, mas uma oportunidade de ter sua atuação ampliada e valorizada. Afinal, é a utilidade, a eficácia e o reconhecimento que dão sentido ao trabalho e ao saber. É preciso que eles vejam no movimento um caminho para que sejam alcançadas as condições e os resultados que eles, sozinhos, embora sabendo quais são, não conseguiram alcançar.

Uma das coisas que ajuda nessa hora é a identificação de interlocutores respeitados e legitimados por esse público. É preciso mobilizar esses interlocutores para que eles funcionem como reeditores e contribuam para gerar um clima de aceitação e interação.

Lembre-se: A maioria dos problemas aparece quando alguém quer ser dono, manipular e exercer autoridade sobre os outros, quando esquecemos o conceito de cidadão e os princípios da democracia. E aí a solução não é medir força ou contrapor outra autoridade, mas ampliar o movimento, abrir mais, dar espaço para que os conflitos apareçam e sejam negociados, assegurar igualdade de condições nessa negociação, relembrar os conceitos.

Quando alguém abandona o movimento

Um processo de mobilização tem que estar sempre aberto à entrada de novas pessoas que se interessem e se disponham a contribuir para seus propósitos. Um novo participante não é menos importante ou capaz que os outros. O fato de ter começado antes não confere autoridade a ninguém; ele apenas já viu mais coisas, tem mais informações e talvez domine um repertório maior de alternativas de ação. Por isso, está mais seguro, o que o qualifica para ajudar o que está chegando, mas não a mandar nele ou fazê-lo sentir-se incapaz ou despreparado.

Da mesma forma que a entrada de novos participantes é natural, o desligamento ou afastamento de outros não deve se constituir em problema ou "trauma".

Primeiro, porque é natural que aconteça. A mobilização é um movimento livre em que cada um goza de total autonomia, respeitados os seus propósitos; logo, tem-se que aceitar que participa quem quer, enquanto quer.

Segundo, porque a base da mobilização é um consenso em torno de uma idéia que os participantes concordam em colocar acima das divergências, apesar delas. Pode ser que, em um determinado momento, essas divergências se acirrem e dificultem o entendimento e a ação conjunta.

Toda "deserção" é ruim e deve ser evitada. É importante que quem está se afastando tenha consciência do prejuízo que pode estar trazendo para todos, mas é fundamental respeitar a sua autonomia. Aceitar sua decisão e não permitir que seu desligamento se transforme em problema é uma forma de deixar a porta aberta para um possível retorno, em outro momento, em outras condições.

Por isso, não se deve aceitar provocações, caso venham a ser feitas, nem partir para o enfrentamento. Não fazer o jogo do "tudo ou nada", não tratar como inimigo, nem aceitar para si esse papel são maneiras de preservar o movimento e seus resultados.

Como se fosse uma conclusão...

Uma história destas não tem fim. Aliás, ela começa quando deixamos o livro na cabeceira ou na mesa de trabalho e vamos vivê-lo nas ruas, na família, junto com os outros.

Se alguma conclusão ele tem é que sonhos são para serem construídos e não apenas sonhados. Nem sempre é fácil, nem sempre é um caminho direto. Como todos eles, tem curvas para contornar obstáculos, pontos onde parar e dar uma descansada, exige tempo para avançar e para conversar com os companheiros de viagem. Às vezes, é preciso tomar um desvio. Em outras ocasiões, é possível pegar um atalho.

Mas sempre é preciso prestar atenção e seguir o conselho de Riobaldo, o mestre do Grande Sertão Veredas, de Guimarães Rosa: "Quando vou pra dar batalha, convido meu coração".

BIBLIOGRAFIA

Constituição da República Federativa do Brasil: promulgada em 5 de outubro de 1988. Organização dos textos, notas remissivas e índices de Juarez de Oliveira, 6. ed., São Paulo: Saraiva, 1992.

CORDEIRO, Renato Caporalli. *Da riqueza das nações à ciência das riquezas*. São Paulo: Edições Loyola, 1995.

FONSECA, Eduardo Gianetti. *Vícios públicos, benefícios privados*. São Paulo: Companhia das Letras, 1994.

FRANKL, Viktor E. O homem à procura do significado último. In: *No caminho do autoconhecimento*. São Paulo: Livraria Pioneira Editora, 1982.

RODRIGUEZ G., Martha C. *La escuela: el primer espacio de actuacion publica del niño*. Santafé de Bogotá: Fundación Social - Programa de Comunicación Social, 1994.

Simpósio estratégias de mobilização. Educação para todos/todos pela educação. Brasília: MEC/UNICEF, 1994.

SOUZA, Herbert e RODRIGUES, Carla. *Ética e cidadania*. São Paulo: Editora Moderna, 1994.

TORO, Jose Bernardo. *La construccion de la nacion y la formacion de educadores en servicio*. Santafé de Bogotá, 1994. cópia xerográfica.

TORO, Jose Bernardo. *7 aprendizajes básicos para la educación en la convivencia social*. Santafé de Bogotá: Fundación Social - Programa de Comunicación Social, 1993.

TORO, Jose Bernardo. La calidad de la educación priméria-Medios de comunicación y comunidad civil: el proyecto "Primero mi Primário para Triunfar". In: *Boletin UNESCO- OREALC*, n. 28, Santiago de Chile, 1992.

TORO, Jose Bernardo e RODRIGUEZ G., Martha C. *Decisiones para el éxito escolar: lo que enseña la experiencia y la investigación en educación*. Santafé de Bogotá: Fundación Social - Programa de Comunicación Social, 1993.

WHITAKER, Chico. Rede: estrutura alternativa de organização. In: *Revista Vida Pastoral*, nov./dez., 1993.